★★★ 永远跟党走 奋进新时代

强国有我
筑梦同行
第六辑 ③

熊芸芸 主编

适用于初中

编委会：屈玉华　熊曼丽　谭　频
　　　　唐雨芊　张春蕾　胡　俊
　　　　刘　苏　刘学志　唐一夫

湖南少年儿童出版社·长沙
HUNAN JUVENILE & CHILDREN'S PUBLISHING HOUSE

图书在版编目（CIP）数据

强国有我　筑梦同行. 第六辑 ③ / 熊芸芸主编.
长沙：湖南少年儿童出版社, 2025. 4. -- ISBN 978-7
-5562-8238-8

Ⅰ. G621.4

中国国家版本馆CIP数据核字第20253L4L64号

QIANGGUO YOU WO ZHUMENG TONGXING·DI-LIU JI ③

强国有我 筑梦同行·第六辑 ③

策划编辑：胡隽宓　唐　龙　　　　**装帧设计：**吴辉远　罗　歆

责任编辑：唐　龙　梁学明　　　　**质量总监：**阳　梅

出 版 人：刘星保

出版发行：湖南少年儿童出版社

社　　址：湖南省长沙市晚报大道 89 号　　**邮　　编：**410016

电　　话：0731-82196320

常年法律顾问：湖南崇民律师事务所　柳成柱律师

经　　销：新华书店　　　　　　　　**印　　刷：**长沙鸿发印务实业有限公司

印　　张：6　　　　　　　　　　　　**字　　数：**120 千

开　　本：710 mm×1000 mm　1/16

版　　次：2025 年 4 月第 1 版

印　　次：2025 年 4 月第 1 次印刷

书　　号：ISBN 978-7-5562-8238-8

定　　价：20.00 元

前 言

　　中华民族是有着悠久爱国主义传统的伟大民族。爱国主义激励着中华儿女为了国家统一、民族富强而努力奋斗、自强不息。

　　爱国主义是中华儿女巩固和维护民族团结统一的精神血脉：历史上无数先贤不畏困难、不惧牺牲，心系家国、舍生取义。爱国主义是中华儿女抵御外敌入侵、实现救亡图存的精神武器：近代无数仁人志士抛头颅，洒热血，推翻了封建主义，打败了帝国主义，取得了民主革命的胜利。爱国主义是中华儿女攻坚克难、奋起直追的精神动力：中华人民共和国成立之后，在中国共产党的领导下，中国人民奋发图强、自力更生，突破了帝国主义的封锁，确立了社会主义基本制度，建立了独立完整的工业体系，研制了"两弹一星"，开启了伟大的改革开放……中国特色社会主义事业展现出勃勃生机。

　　现在，中国特色社会主义进入新时代，中华民族迎来了伟大复兴的关键时期，爱国主义绽放出了更加绚丽的光彩。在以习近平同志为核心的党中央坚强领导下，全党全国各族人民团结统一，爱国、爱党、爱社会主义成为时代主旋律。每个中华儿女都要积极行动起来，弘扬伟大爱国主义精神，在平凡岗位上书写不平凡的人生，为实现中华民族伟大复兴贡献自己的力量。

　　《强国有我 筑梦同行》是新时代爱国主义教育读本，把爱国主义精神熔铸于榜样故事中，并根据读者年龄特点灵活设计板块，旨在把爱国主义的种子播撒到少年儿童的心灵深处，培养有理想、有道德、有文化、有纪律的中国特色社会主义事业的建设者和接班人。

　　"少年智则国智，少年富则国富，少年强则国强。"亲爱的同学们，请高举爱国主义的旗帜，主动把自己的梦想同实现中华民族伟大复兴的中国梦结合起来，勤学好问，苦练本领，以不懈奋斗书写新时代华章，共同创造幸福生活和美好未来吧！

编　者

主编简介

熊芸芸

女，中小学高级教师，永州市映山小学党总支书记，永州市第五届人大代表，永州市名师工作室首席名师，湖南省"十四五"中小学幼儿园教师、校园长培训省级专家，湖南省中小学教师发展中心区县小学骨干校长工作坊主持人。多次担任教师资格证考试面试评委，主持《微视频在小学道德与法治课堂教学中的创新应用》等省级课题多项，多次获省级教学竞赛一等奖。

目 录

第一章　改革开放的曙光

【篇首语】

　　1978年，中国共产党第十一届中央委员会第三次全体会议，拉开了中国改革开放的时代大幕。40多年风风雨雨，40多年风雨兼程，40多年深刻变革，重塑了中国人民的面貌，重塑了中华民族的面貌，重塑了社会主义中国的面貌，让发展中国家走向现代化有了更多的路径选择。

一、破晓：时代和人民呼唤改革开放

　　《易传·系辞传下》中有这样一句话："穷则变，变则通，通则久。"意思是事物发展到了极点，就要发生变化，这种变化使事物的发展不受阻塞，事物才能不断地发展。中华民族自古就有变革的传统。中华人民共和国成立后，中国共产党团结带领全国人民完成了社会主义革命，确立了社会主义制度，实现了中国历史上最深刻最伟大的社会变革。

20世纪70年代末，中国面临复杂的国内外形势。国际上，世界格局正在发生深刻变化，科技革命蓬勃发展，经济全球化趋势初现端倪。1975年微软公司在美国阿尔伯克基成立，并在未来的几十年时间里成长为全球最大的电脑软件供应商、世界个人计算机软件开发的先导。1976年4月，由史蒂夫·乔布斯、史蒂夫·沃兹尼亚克和罗纳德·韦恩创立的苹果电脑公司在加利福尼亚州成立，苹果公司从最初只经营电脑设计与销售业务逐步发展成一家包括设计和研发电脑、手机、穿戴设备等电子产品的跨国企业。

反观国内，虽然进行了20多年的社会主义建设，但社会生产力还很落后。受限于生产力的落后，人民生活物资匮乏，温饱问题尚未完全解决。在1978年3月召开的全国科学大会上，有的参会同志对当时中外的情况做了对比："同世界先进水平相比，我国的科学技术在多数领域相差15到20年，有的领域相差更多一些。经济上的差距可能是20年、30年，有的方面甚至可能是50年。"

1978年9月17日，时任中共中央副主席的邓小平在视察东北三省时对中共辽宁省委领导说过这样一段语重心长的话："我们太穷了，太落后了，老实说对不起人民。我们现在必须发展生产力，改善人民生活条件。"他在听取中共黑龙江省委常委汇报工作时指出："从总的状况来说，我们国家的体制，包括机构体制等，基本是从苏联来的，人浮于事，机构重叠，官僚主义发展。"邓小平敏锐地意识到，此时的中国急需一场改革，以打破僵化的体制束缚，激发社会活力，推动国家走向繁荣富强。

可以说，时代呼唤改革，人民向往变革。在这样的历史背景下，中国共产党顺应历史潮流，以巨大的政治勇气和智慧，开启了波澜壮阔的改革开放历程。

【知识卡片】

邓小平"北方谈话"

1978 年，邓小平在结束对朝鲜的访问后，于 9 月 13 日至 20 日，视察了东北三省以及河北唐山和天津等地，并发表了一系列重要谈话。这些谈话，后来被学界称为邓小平"北方谈话"。在"北方谈话"中，邓小平多次明确谈到党的工作重点转移问题。邓小平指出，要从实际出发，利用各种现有的条件，实现四个现代化，切实加速前进的步伐。他特别强调，把党和国家工作的重点转移到四个现代化建设上来、转移到经济建设上来。

二、春雷：伟大的历史转折

黄大年，广西人，我国杰出的科学家，"人民教育家"国家荣誉称号获得者，他也是国家恢复高考后受益的第一批人之一。1958 年 8 月出生的黄大年从小就对科学知识产生了浓厚的兴趣。初中时，黄大年离开家到县城"五七"中学读书，在这里，他不仅学习成绩一直名列前茅，而且养成了独立、自律的良好习惯，并顺利考进了广西罗城地质五七基地中学就读高中。1977 年 8 月 4 日至 8 日，邓小平在北京主持召开了科学和教育工作座谈会，并在会议上决定改变"文革"时期靠推荐上大学的高校招生办法，当年就恢复高考招生。同年冬天，黄大年以优异成绩考入长春地质学院，最终成为国际知名的地球物理学家，为我国深地探测仪器装备、重载荷物探专用无人机、地球物理大数据处理与解释、海洋和航空移动平台探测技术等方面的研究做出了重要贡献。恢复高考这一决定，吹响了改革开放的前奏曲。这一决定不仅改变了几代人的命运，更为中国推进改革开放，以及在新时期的发展和腾飞奠定了重要的人才基础。

转折的曙光首先是思想的觉醒。1978年5月11日，《光明日报》以特约评论员的名义发表文章《实践是检验真理的唯一标准》，文章鲜明地提出，社会实践不仅是检验真理的标准，而且是唯一的标准。这一观点与当时国内"两个凡是"的方针大相径庭，在广大干部群众中引起了强烈反响，同时也遭到一些人的非议和指责，由此在国内引发了一场声势浩大的关于真理标准的大讨论。最终，这场讨论冲破了"两个凡是"的思想禁锢，党内也重新确立了实事求是、一切从实际出发、理论联系实际的思想路线，为党的十一届三中全会的召开做了重要的思想准备。

1978年12月18日至22日，党的十一届三中全会在北京召开，全会作出了从1979年起，把全党工作重点转移到社会主义现代化建设上来的战略决策，解决了党从1957年以来未能解决好的工作重点转移问题，开启了改革开放的伟大征程。

此次会议，如同一声惊雷，让蛰伏多年的激情在那个火热的冬天被唤醒，此后整个国家焕发出巨大的生机与活力。以海尔集团为例，1984年，海尔集团还是一个设备落后、工艺落后、技术落后、厂房破旧、濒临倒闭的集体小厂。员工每天8点钟来报个到，9点钟陆续离开，10点钟厂里已空无一人。公司连年亏损，靠四处借贷发工资。同年，35岁的厂长张瑞敏上任后，面对企业效率低下、员工缺乏积极性的困境，大胆推行改革，将企业效益与员工利益挂钩，激发了员工的积极性，使企业焕发出新的活力。也是在那一年，公司与联邦德国利勃

海尔公司合作，引进了亚洲第一条四星级电冰箱生产线，产品命名为"琴岛-利勃海尔"，通过严格的管理和质量控制，逐渐扭转了局面，海尔电冰箱在中国市场迅速占据一席之地。2024年，海尔集团创造创业40年来最好的业绩：全球收入4016亿元，增长8%；全球利润总额302亿元，增长13%，走出了一条持续稳健向上的增长曲线。海尔集团的发展只是改革开放的一个缩影，这样的故事每天都在上演。

党的十一届三中全会是新中国成立以来我党历史上具有深远意义的伟大转折，以党的十一届三中全会为标志，我国的改革开放拉开了大幕。从农村到城市，从试点到推广，从经济体制改革到全面深化改革，全国各族人民在党的领导下攻坚克难，砥砺奋进，书写了国家和民族发展的壮丽篇章。

三、点燃：小岗村的红手印

1978年的中国，正处于历史的转折点。在此之前，全国上下经历了"大跃进""人民公社化运动"等一系列政治运动，农业生产陷入低谷，农民生活困苦。安徽省凤阳县小岗村，一个看似平凡的村庄，却悄然孕育着一场深刻的社会变革。

1978年，夏秋之交，安徽省遭受百年不遇的特大旱灾，秋种遇到困难，人民群众生活陷入极度困难。面对农村的严峻情况，中共安徽省委作出"借地度荒"决定，即借给每一个农民三分地用于种麦，对超产部分不计征购，归自己所有，利用荒山湖滩种植的粮油作物谁种谁收。这一措施，很快激发起农民的生产积极性，也给了一些基层干部和农民启发，他们冒着风险，尝试冲破旧的农村经济管理体制，自发实行包产到户、包干到户。其中，第一批"吃螃蟹"的人就是小岗村群众。

1978年8月，严宏昌被选上担任小岗村生产队副队长。当时，小岗村很穷，农民没有积极性，常常吃不饱肚子，一到冬天就跑到外面要饭。其实大家都有分田单干的打算，但没有人敢带这个头。1973年11月的一个寒冷冬夜，严宏昌偷偷召集村民代表开会商议。经过讨论，大家决定冒着坐牢风险，一家一户分地单干。那次会上，严宏昌说："既然是我出来领着你们干，那你们收到的粮食，必须要踊跃地贡献给国家，第一要保证国家的，第二要留足集体的，剩下的才是我们自己的。分地给你们，你们多出力、多投入，干得好，你家粮食就收得多，完成国家和集体的之后，你剩下的就多；你偷懒不投入、不出力，粮食就收得少，但你也得完成国家和集体的，那你剩的就少。"这一决定在当时是极具风险的，因为在那个年代，"包产到户"被视为"走资本主义道路"，一旦被发现，后果不堪设想。

在场的村民集体立下字据，写了包干保证书。包干保证书展示了三方面内容：一是分田到户；二是不再伸手向国家要钱要粮；三是如果村干部因此坐牢，社员保证把他的小孩抚养至18岁。大家在包干保证书上按下了红手印。这手印按下，就相当于签了"生死状"。但是开弓没有回头箭，既然已经下了决心，就只能放手大干。1979年秋天，小岗村获得丰收，当年油料作物总产量 35200 斤，卖给国家 24933 斤，而小岗村实际油料任务是 300 斤，一下子就完成了百十年的任务。过去，生产队连一头猪都没办法贡献给国家，而这一年家家都留了 1 头猪，贡献给国家 35 头肥猪。

安徽、四川两省率先进行改革试验，家庭联产承包责任制受到农民欢迎并在全国普遍推行。图为安徽凤阳小岗生产队社员签订的全国第一份包干合同书。

安徽省凤阳县小岗村开启了中国农村改革的序幕，点燃了改革开放的燎原之火。安徽的做法影响了四川、甘肃、云南、广东等省份，一些地方纷纷放宽政策，采取包产到户、包干到户等做法，这些大胆尝试，冲击了旧体制的藩篱，同时也得到了中央领导同志的认可和支持。1981 年 10 月 4 日至 21 日，中央农村工作会议在北京召开，讨论起草放宽农业政策的文件。12 月 21 日，中央政治局将该文件定名为《全国农村工作会议纪要》。1982 年 1 月 1 日，中央批转了这个纪要，这就是关于农村工作的第一个"中央一号文件"。文件指出包产到户、包干到户，同其他形式的各种农业生产责任制一样，"都是社会主义集体经济的生产责任制"。一场波澜壮阔的改革大潮由此开启。

如今的小岗村早已旧貌换新颜，成为全国著名的改革示范村。

2021 年 11 月 10 日，小岗村被农业农村部推介为 2021 年全国乡村特色产业亿元村。

四、奇迹：当代中国发展进步的活力之源

从党的十一届三中全会至今，中国已走过了 40 多年极不平凡的历程。改革开放为党和国家发展注入新的活力，给中国特色社会主义建设增添强大动力。改革开放以来，我国国内生产总值由 1978 年的 3679 亿元增长到 2024 年的 134.9 万亿元，年均实际增长远高于同期世界经济年均增速。我国国内生产总值占世界生产总值的比重由改革开放之初的 1.8% 上升到 18%，对全球经济增长贡献率保持在 30% 左右。全国居民人均可支配收入由 171 元增加到 2024 年的 4.13 万元，中等收入群体持续扩大。打赢脱贫攻坚战。九年义务教育巩固率达 95%，建成了包括养老、医疗、低保、住房在内的世界最大的社会保障体系。建立了全世界最完整的现代工业体系。我国基础设施建设成就显著：信息畅通，公路成网，铁路密布，高坝矗立，西气东输，南水北调，高铁飞驰，巨轮远航，飞机翱翔，天堑变通途。现在，我国是世界第二大经济体、制造业第一大国、货物贸易第一大国、商品消费第二大国、外资流入第二大国，我国外汇储备连续多年位居世界第一，中国人民在富起来、强起来的征程上迈出了决定性的步伐。实践证明，改革开放是我们党和人民大踏步赶上时代前进步伐的重要法宝。

【结语】

实践证明，改革开放是当代中国最鲜明的特色，是我们党在新的历史时期最鲜明的旗帜。党的十八大以来，以习近平同志为核心的党中央，面对改革进入攻坚期和深水区的新形势，以前所未有的决心和

勇气推进全面深化改革，作出了一系列重大战略部署，推动党和国家事业取得历史性成就、发生历史性变革，中国特色社会主义进入新时代。如今，站在新的历史起点上，我们将不忘初心、牢记使命，更加自觉地投身改革开放事业，将改革进行到底。

【课后活动】

"改革开放：见证中国巨变"主题课后活动

一、活动目标

通过课后活动，让学生深入了解改革开放的历史背景、重大事件及其对中国社会的深远影响；培养学生的团队合作能力、沟通能力以及创新思维；激发学生对国家发展的自豪感和责任感，增强他们的爱国主义情怀。

二、活动对象

全体学生

三、活动准备

（一）资料收集：提前一周布置学生收集与改革开放相关的资料，如历史照片、新闻报道、亲历者的口述等。

（二）分组：将学生分成若干小组，每组5—6人，确保每个小组成员具有不同的特长和兴趣。

（三）道具准备：准备展示用的投影仪、音响设备、展板等。

（四）场地布置：提前布置好多功能厅，设置展示区、观众区和评委区。

四、活动流程

（一）主持人介绍活动目的和流程，强调活动的重要性和意义。

（二）小组展示。每个小组通过PPT、视频、实物展示等方式，介绍改革开放 40 多年来中国在经济、科技、文化、社会等方面的重大变化和成就。每个小组的展示时间为 15 分钟，包括 5 分钟的介绍和 10 分钟的互动环节，观众可以提问，小组成员进行解答。

（三）互动环节。主持人提出与改革开放相关的问题，邀请观众回答，答对者可获得小奖品。

（四）评委点评。邀请学校历史老师、政治老师等作为评委，对各小组的展示进行点评，指出优点和不足之处，提出改进建议。

（五）活动总结。主持人总结活动情况，鼓励学生在今后的学习和生活中，继续关注国家发展，为实现中华民族伟大复兴的中国梦贡献自己的力量。

第二章　经济腾飞的奇迹

【篇首语】

在改革开放的春风里，经济特区迅速崛起，成为中国改革开放的试验田。社会主义市场经济体制的建立，为经济发展注入了强大活力。同时，中国积极融入世界经济格局，在全球舞台上焕发勃勃生机。如今，中国已成长为世界第二大经济体，2024 年，中国经济总量超 130 万亿元，人均国内生产总值（GDP）突破 1.3 万美元，对世界经济增长的贡献保持在 30% 左右，成为世界经济增长的主要稳定器和动力源。中国，创造了发展中国家经济腾飞的奇迹。

一、春潮：经济特区的崛起

1978 年，党的十一届三中全会作出了中国要进行改革开放的重大决策。但是任何社会变革都需要有一个突破口，从哪里改革？如何进行改革？把什么地方作为改革的前沿阵地？这都是摆在中国人面前的现实问题。实际上，党的十一届三中全会前后，党中央派出考察组赴香港和澳门考察，并酝酿把靠近港澳的广东宝安、珠海划为出口基地，在对外开放中"先走一步"和试办特区。

1978 年 10 月，年过六旬的袁庚受命调任香港招商局常务副董事长，主持全面工作。彼时，香港一片繁华，一江之隔的蛇口却还是一个破破烂烂的小渔村。袁庚一上任，就四处调研，一个月内考察了世界上众多知名港口，回来后，他决定借鉴香港的成功经验，大力发展港口经济，同年他向中央递交了一份《关于充分利用香港招商局问题的请示》，建议兴办蛇口工业区。1979年1月31日，中央批复同意了建立蛇口工业区的请示，蛇口工业区正式成立。1979年7月8日，蛇口轰然响起填海建港的开山炮，被称为改革开放的"第一炮"，由此开启了蛇口工业区的建设历程。

在蛇口工业区，以袁庚老先生为首的招商局第一批创业者大胆探索，勇于尝试，他们提出了"时间就是金钱，效率就是生命"的口号，这被誉为"冲破思想禁锢的第一声春雷"，成为激励人们投身改革开放大业的时代强音。为了加快蛇口港施工进度，他们探索实行奖励制度，在蛇口启动的第一个项目——600米的顺岸码头建设项目建设过程中，施工方以每天运泥55车为基础定额，完成基础定额每车奖2分钱，超额每车奖4分钱。方案一出，工人们干劲大增，从之前的每人运泥30至40车一跃提升到每人运泥达80至90车，多的甚至达131车，最终工程提前一个月完成。在这里，他们成功地建立健全劳动用工制、干部聘用制、薪酬分配制、住房制度、社会保险制度、工程招标制及企业股份制。袁庚老先生还积极推进园区产业招商，凭借政策和环境硬件，日本三洋电机株式会社等外资企业纷纷在蛇口投资设厂。短短几年时间内，蛇口便完成了工业化和城市化，还在这里诞生了中国第一家企业创办的股份制银行——招商银行，诞生了我国第一家由企业与专业金融机构合办的保险公司——平安保险，诞生了中国最早的一批"三资"企业，塑造了被全国广泛赞誉的"蛇口模式"，为特区建设探索出先行先试的改革经验。邓小平等党和国家领导人对蛇口的建设成就给予了充分的肯定。

1979年7月，中共中央、国务院正式作出了关于试办特区的重大决策，批准在深圳、珠海、汕头和厦门4个城市试办出口特区。为搞好该项工作，中共中央、国务院正式组建国家进出口管理委员会和国家外国投资管理委员会，对特区建设相关工作进行统筹管理。1980年8月26日，第五届全国人民代表大会常务委员会第十五次会议通过了由国务院提出的《广东省经济特区条例》，批准在深圳、珠海、汕头三市分别划出一定区域，设置经济特区，这标志着中国经济特区的正式诞生。

在国家政策的支持下，深圳市制定了税收、土地使用、外汇管理等一系列吸引外资的优惠政策。同时，广东省经济特区管理委员会参照"蛇口模式"，利用银行贷款和部分地方财政资金投入，在深圳市罗湖区0.8平方千米的区域兴建金融、商业、旅游住宅设施提供给外商，再利用从中赚到的利润继续进行工业园区的基础建设，并以"滚雪球"的方式带动发展。珠海市委、市政府则充分发挥特区的窗口作用，一方面吸收利用国内外的人才、资金、技术和先进的管理经验，另一方面在全国率先重奖知识分子和在城市规划建设中实行"八个统一"，有力地推动了经济的快速发展。汕头和厦门也在各自的领域探索，汕头经济特区利用侨乡优势，吸引海外侨胞投资；厦门经济特区则向海而生，充分挖掘利用港口和对外贸易优势，在港口经济和对外贸易方面取得了显著成就。1984年1月24日至26日，邓小平第一次视察深圳，为深圳题词："深圳的发展和经验证明，我们建立经济特区的政策是正确的。"

截至目前，中国大陆共有7个经济特区，分别是深圳、珠海、汕头、厦门、海南岛、喀什和霍尔果斯。2018年，深圳的GDP第一次超越香

港，综合经济竞争力连续多年稳居中国第一，成为大湾区经济总量第一大城市。2024年，广东省地区生产总值突破14万亿元，经济总量稳居全国首位。

　　经济特区崛起的背后是无数特区人的奋斗和付出，他们用热血和汗水铸就了敢闯、敢冒、敢试、敢为天下先的改革精神和奋发有为、只争朝夕的创业精神。特区的成功，如同一座座巍峨的丰碑，证明了改革开放是中国走向繁荣富强的必由之路，它不仅改变了中国的经济格局，更让世界看到了中国的决心和能力。

【拓展阅读】

特区精神

　　40多年来，特区人披荆斩棘，拼搏奋斗，牢记初心使命，敢闯敢试、敢为人先、埋头苦干，交出了一份令世界刮目相看的成绩单，对全国改革开放和社会主义现代化建设起到了重要窗口和示范带动作用，在"杀出一条血路"的伟大实践中孕育形成了特区精神。2018年4月

13 日，在庆祝海南建省办经济特区 30 周年大会上，习近平总书记强调，"经济特区要勇于扛起历史责任""发扬敢闯敢试、敢为人先、埋头苦干的特区精神"，科学概括了特区精神的深刻内涵，丰富了中国共产党人的精神谱系。

二、活力：市场经济的浪潮

在中国改革开放的伟大征程中，市场经济的浪潮滚滚而来，冲破了计划经济体制的束缚，为中国经济注入了前所未有的活力，让中国经济焕发勃勃生机。

（一）破冰之旅：从计划到市场的跨越

中华人民共和国成立后，我国推行了 30 年计划经济体制。所谓计划经济体制，就是什么都按照计划来，工厂按照国家计划生产产品，农村按照国家计划种植农作物，商业部门按照国家计划进货和销售，所有的品种、数量和价格都由计划部门统一制定。由于国家建设刚刚起步，商品供应极为匮乏，为了保障供需平衡，国家对城乡居民的吃穿用等生活必需品，实行统购统销，按照计划供应，凭票购买。那时候，物价由政府统一确定，需要什么样的商品就用相应的票证去购买，对号入座，缺一不可。

统购统销政策在新中国成立初期对稳定粮价和保障供应起到了积极作用，但随着时间推移，其弊端也逐渐显现，严重阻碍了农业经济的发展。20 世纪 70 年代末，位于珠江三角洲腹地的广州流传着一句顺口溜："四季如春没菜吃，鱼米之乡没鱼吃。"广州没鱼吃简直是不可想象的事情。究其原因，就是在计划经济时代，广州人买鱼需要鱼票，每人每月限发 2 角钱鱼票，而且买不到鱼的鱼票过期作废。按照当时

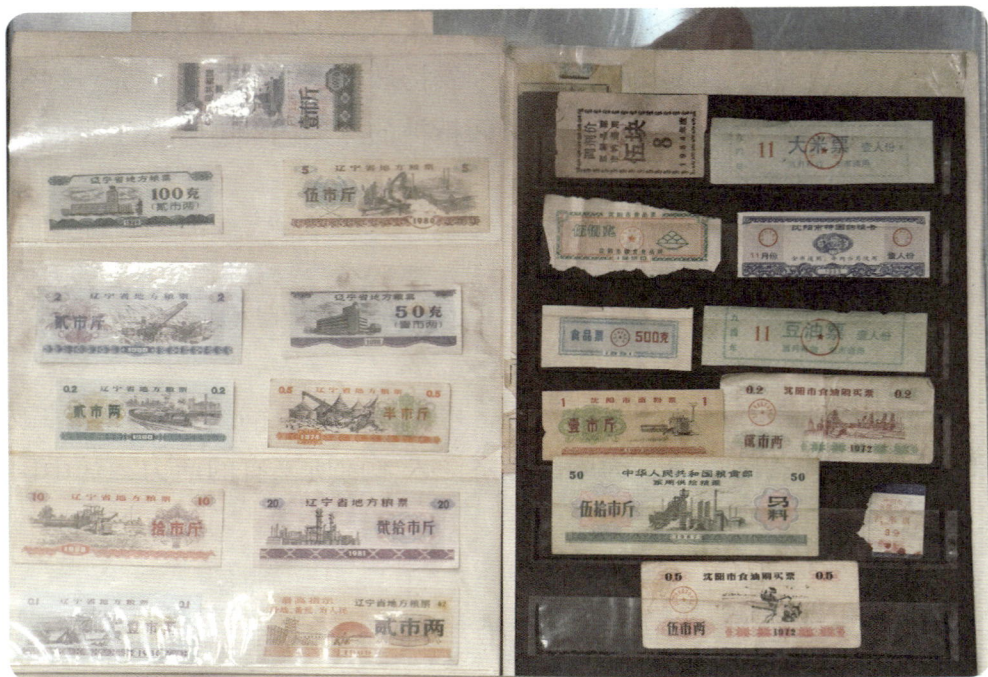

统购统销价格，不论淡季旺季、不论新鲜与否，塘鱼每 50 千克收购价为 27 元，每人 2 角钱的鱼票也不够买 1 斤鱼。吃鱼是刚需，但是由于价格固定，农民养鱼没有积极性，因此产量上不去，市场供应就显得非常紧张。家庭主妇们往往天不亮就去市场排队。想吃活鱼几乎不可能，能拎上半条死鱼回家已算运气好；运气差点的，鱼票还花不出去。

时间一长，群众就积累了大量的情绪。一位市民就给当时广东省领导写了一封信，说买不到鱼，鱼票也过期了，信里还附上了那张过期的鱼票。时任广东省委书记习仲勋看到信后，久久不能平静，马上进行调研，并亲自到鱼档去排队，体验群众买鱼难。随后，他在省委会议上说："这样不行，一定要解放思想，搞社会主义不是贫穷，要尽快提高生活水平。"由此开始，广州市开始研究部署解决吃鱼难的问题。1978 年 12 月 25 日，广州以水产品市场为突破口，放开河鲜杂鱼价格，在芳村成立了全国同行中第一间国营河鲜货栈，实行产销见面、随行就市。紧接着又办了咸鱼海味、塘鱼、海鲜品的自由市场。一条鱼引发的城市改革拉开大幕！1985年4月，广州取消了最后一张鱼票，水产市场全面开放。而蔬菜、水果、鸡鸭鹅等产品也不再凭票供应，市场议价买卖，一片欣欣向荣。

　　从计划经济到市场经济，不仅体现了经济体制的改变，更表明了党和国家在推进改革开放过程中不断深化对计划与市场关系的认识，实现了思想上的跨越，逐步形成了以市场为取向的经济体制改革思路。党的十一届三中全会后，改革工作的推进次第花开。农村开始推行家庭联产承包责任制，农民可以自主安排农活和处置农产品，自行决定种什么、种多少。同时，取消统购派购，放开大部分农副产品价格，允许农民发展多种经营、开办乡镇企业，农民的生产积极性得到空前提升。1992年，党的十四大报告明确提出：经济体制改革的目标，是在坚持公有制和按劳分配为主体、其他经济成分和分配方式为补充的基础上，建立和完善社会主义市场经济体制。党的十四大正式确立了社会主义市场经济体制的改革目标，这不仅标志着中国经济体制的深刻变革，更昭示着中国经济从此踏上了一条全新的发展之路。

（二）创新的力量：企业的崛起与市场的繁荣

市场经济的浪潮中，我国国有企业、民营企业、乡镇企业如同破土而出的春笋，迅速崛起并发展壮大。

1987年，43岁的任正非与其他几位工程师集资2.1万元在深圳共同创立了华为公司。30多年来，华为公司对准通信领域这个"城墙口"冲锋，致力于通信设备的研发和生产，并在短时间内迅速崛起。简单回顾华为的发展历程，从1992年的销售额突破1亿元人民币，到2000年销售额突破200亿元，华为仅用了8年时间。2014年，华为在全球9个国家建立5G创新研究中心，承建全球186个400G核心路由器商用网络。2024年，华为涅槃重生，重回增长快车道，经营质量进一步提升，华为手机在中国市场重回第一。鸿蒙原生应用和元服务上架数量超过20000个，鸿蒙开发者超过720万，生态设备超过10亿台。这一成就打破了移动操作系统安卓、IOS两极格局，为世界提供了第三种

选择。

在谈及华为成功的基因和秘诀时，任正非曾经说过这样一段话："华为的发展得益于国家政治大环境和深圳经济小环境的改变，如果没有改革开放，就没有我们的发展。"2024年，《财富》世界500强榜单显示，中国（含台湾地区）共有133家企业上榜世界500强，其中，中国大陆（含香港）128家企业上榜，台湾地区5家企业上榜。华为公司位列103位。

【知识卡片】

票　证

1953年，中国宣布实行第一个"五年计划"，推行计划经济。简单地说，计划经济就是指国家按照统一计划并通过行政手段管理的国民经济。当时推行计划经济的显著特征，就是印发各种商品票证，有计划地分配到单位或城镇居民手中。按人口定量发行的粮票、布票、鱼票等专用购买凭证，统称为"票证"。当时，全国2500多个市县，还有一些镇、乡都分别发放和使用了各种商品票证，进行计划供应；一些大企业、厂矿、农场、学校、部队、公社等也印发了各种票证。票证种类繁多，涉及各个领域的方方面面。

三、繁荣：融入世界经济格局

2001年11月10日，卡塔尔首都多哈喜来登酒店萨尔瓦会议大厅内，世界贸易组织（WTO，简称：世贸组织）第四届部长级会议主席，卡塔尔财政、经济和贸易大臣卡迈勒手中击槌轻落，会议通过了关于中国加入世界贸易组织的决定。11月11日晚，时任中国代表团团长、原外经贸部部长石广生，向时任世贸组织总干事迈克尔·穆尔递交了中国加入世贸组织批准书。根据规定，递交批准书30日后，12月11日，中国正式成为世贸组织的第143个成员，这标志着中国叩开世界之门，在全球经济舞台上迈出了关键一步，开启了与世界经济深度融合的新篇章。

（一）漫长的入世之路

世界贸易组织的前身是关税及贸易总协定（简称"关贸总协定"），中国是关贸总协定的创始国之一。由于历史原因，中国长期被排斥在世界多边贸易体系之外，国内企业和产品在进入国际市场时受到了许多歧视和不公正待遇。作为世界上最大的发展中国家，中国拥有占世界约1/5的人口。入世后，中国巨大的需求潜力将转化为现实的购买力，为全球提供一个最诱人的大市场。

20世纪80年代初，为进一步对外开放，中国开始酝酿、准备复关事宜。1986年，中国正式提出申请恢复关贸总协定缔约国地位。1992年，邓小平同志在南方谈话中明确提出"计划经济不等于社会主义，资本主义也有计划；市场经济不等于资本主义，社会主义也有市场"，为中国加快入世进程奠定了思想基础。1995年1月1日，世贸组织代替关贸总协定正式成立，同年，中国也将"复关"申请转为"入世"申请。1997年5月，中国与匈牙利最先达成协议。此后，中国与成员国逐一进行拉锯式谈判，其中，中美谈判进行了25轮，中欧谈判进行了15轮。在此期间，中国不断推进市场化改革，完善社会主义市场经济体制，以适应全球经济规则。2001年9月13日，中国与最后一个谈判对手墨西哥达成协议。这场如同马拉松的谈判终于在2001年圆满画上了句号。从此，中国以更加开放的姿态，积极参与全球经济治理，逐步降低关税、开放市场，为加入世贸组织创造了条件，让世界看到了中国的诚意和决心。

（二）融入世界的红利

加入世贸组织后，中国经济迎来了前所未有的发展机遇，对外贸易迅速增长，出口成为拉动经济增长的重要引擎。2001年，中国的出口总额为2661亿美元，而到2010年，这一数字已超过1.5万亿美元，中国一跃成为全球最大的出口国，创造了经济发展的奇迹。2024年，我国外贸实现总量、增量、质量"三量"齐升，我国已成为150多个国家和地区的主要贸易伙伴，进出口总值达到43.85万亿元人民币，作为货物贸易第一大国的地位更加稳固。华为、海尔等中国企业也迅速崛起，凭借过硬的服务和产品质量，以及技术创新，走向国际市场，成为全球市场的有力竞争者。

加入世贸组织不仅带来了经济规模的扩张，让中国融入了全球经济体系，更推动了中国经济结构的转型升级，让中国经济在全球舞台上焕发勃勃生机。从"中国制造"到"中国创造"，中国在全球经济舞台上的影响力不断提升，成为全球经济的重要参与者和引领者。

【结语】

回望改革路径，过去 40 多年，尤其是党的十八大以来，我国经济社会发展取得了一系列重大成就，正确处理了政府和市场的关系，进一步释放了市场活力，进一步激励了自由公平竞争，为促进经济社会平稳健康发展提供了良好的制度保障和政策环境。进入中国特色社会主义新时代，在深刻总结改革开放宝贵经验的基础上，党和国家提出了改革新思想和新目标，习近平总书记在党的十九大报告中强调"坚持社会主义市场经济改革方向""加快完善社会主义市场经济体制"。当前，我国经济已由高速增长阶段转向高质量发展阶段，建设现代化经济体系是跨越关口的迫切需求和我国发展的战略目标。2024 年党的二十届三中全会提出"到二〇三五年，全面建成高水平社会主义市场经济体制"的战略目标，改革开放的春潮将在新时代继续奔腾不息。

【课后活动】

探寻经济腾飞的足迹

一、活动目标

通过本次活动，让学生深入了解中国经济腾飞的历史进程，感受改革开放的伟大成就。

二、活动对象

全体学生

三、活动步骤

（一）分组与选题

将学生分成若干小组，每个小组选择一个主题进行调研。

选题一：经济特区的发展历程。选择一个经济特区（如深圳、珠海、汕头、厦门、海南等），调研其从设立到现在的经济发展历程、取得的成就以及对全国的示范作用。

选题二：从计划经济到市场经济的转变。调研改革开放前后中国在经济体制上的变化，特别是计划经济与市场经济的对比，以及这种转变对中国经济的推动作用。

选题三：中国加入 WTO 的影响。调研中国加入 WTO 前后对外贸易、产业结构、企业竞争力等方面的变化，分析加入 WTO 对中国经济发展的影响。

（二）调研与资料收集

各小组根据选定的主题，通过以下途径收集资料：

1. 查阅图书馆相关书籍、杂志、报纸等文献资料。

2. 查找权威网站的学术论文、新闻报道等。

3. 观看纪录片，如《辉煌中国》《观澜百年路》等。

4. 采访身边的长辈、经济工作者或相关专业人士，了解他们的亲身经历和看法。

要求各小组整理收集到的资料，形成调研报告，各小组根据调研报告，讨论并确定展示的形式和内容。

（三）课堂展示与交流

各小组依次进行展示，展示过程中其他小组成员可以提问、补充或发表自己的看法。

要求展示内容清晰、有条理，时间控制在 10-15 分钟。

每个小组展示结束后，教师进行点评，指出优点和不足之处，引导学生深入思考和总结。

（四）活动总结与反思

教师对本次课后活动进行总结，强调中国经济腾飞的重要意义和改革开放的伟大成就，引导学生增强对国家发展的信心和民族自豪感，思考在活动中遇到的问题和解决方法，培养学生的自主学习能力和团队合作精神。

第三章 科技创新的力量

【篇首语】

推进中国式现代化，科技创新是必由之路。近年来，我国全球创新指数排名显著上升，在量子信息、干细胞等基础前沿领域取得重大突破，C919 大飞机、新能源汽车、5G、AI（人工智能）等重大科技创新成果推陈出新，深空、深海、深地等战略高技术领域取得重要进展，科技创新正改变和影响着我们生活的方方面面。

一、突破：从"两弹一星"到载人航天

科技创新是高质量发展的核心驱动力，是全面建设社会主义现代化国家的首要任务。新中国成立以来，面对艰难复杂的国际局势，一代代航天工作者勇担使命、迎难而上，用智慧和汗水实现了一个个科技突破，走出了一条自力更生、自主创新的科技发展道路，航天强国建设逐渐从愿景成为现实。

（一）两弹一星：奠基强国之梦

1964 年 10 月 16 日，新疆罗布泊戈壁荒漠的上空，伴随着一声惊天巨响，原子核裂变的巨大火球和蘑菇云在空中绽放，中国自主研制的第一颗原子弹爆炸成功。这一声来自荒漠深处的"东方巨响"震惊了世界，它的背后则是中国广大科技工作者的辛勤付出。

20 世纪 50 年代，面对西方国家的核讹诈和技术封锁，以毛泽东为

核心的中国共产党第一代领导集体高瞻远瞩，审时度势，果断决定发展以"两弹一星"为核心的国防尖端科学技术。这是一场艰苦卓绝的科技长征，一大批杰出的科学家和科研人员、工程技术与管理人员投身到"两弹一星"的研制中，他们隐姓埋名，扎根荒漠，用青春和智慧铸就了中国国防的钢铁长城。一批曾身居海外的科学家，抛弃优越的科研条件和物质生活待遇，相继归国效力，邓稼先就是其中一位。

邓稼先 1945 年毕业于西南联合大学，1948 年 10 月，赴有"美国航空航天之母"美誉的普渡大学物理系深造，他只用了 1 年零 11 个月的时间就修满学分并通过论文答辩，获得博士学位。那一年，邓稼先年仅 26 岁。他的导师德尔哈尔教授有意推荐他去英国做核物理的深入研究，但邓稼先得知朝鲜战争爆发，国家正是用人之际，他毫不犹豫地婉拒了导师的好意，于获得博士学位 9 天后登上"威尔逊总统号"轮船，踏上了回国的征途。

归国后，邓稼先被安排在中国科学院近代物理研究所担任助理研究员，随后又升为副研究员。1958 年 8 月的一天，时任第二机械工业部（简称二机部）副部长钱三强找到邓稼先，说"国家要放一个'大炮仗'"，问他是否愿意参加这项必须严格保密的工作。邓稼先深知这个"大炮仗"意味着国家要研制原子弹，这不就是自己当初到美国攻读物理学的原因吗？邓稼先欣然接受了这个光荣任务，出任第二机械工业部第九研究院理论部主任，负责原子弹的理论研究工作。从零开始的原子弹理论设计如同开荒种地。三年的呕心沥血，三年的披荆斩棘，1962年9月，邓稼先带领第九研究院理论部年轻的团队解决了中国原子弹理论设计的关键性难题，完成原子弹理论设计方案，走出了一条与国外完全不同的途径，叩开了原子弹理论设计的大门。两年后的1964年10月16日，中国第一颗原子弹爆炸成功。随后，邓稼先又投入氢弹的研制工作中。按照他和于敏提出的方案，中国第一颗氢弹在1967年6月17日爆炸成功。

1970年4月24日，由中国空间技术研究院研制的中国第一颗人造卫星东方红一号在酒泉卫星发射中心成功发射，这标志着中国成为继苏联、美国、法国和日本之后第五个用自制火箭发射国产卫星的国家。

1988年，邓小平明确指出："如果六十年代以来，中国没有原子弹、氢弹，没有发射卫星，中国就不能叫有重要影响的大国，就没有现在这样的国际地位。这些东西反映一个民族的能力，也是一个民族、一个国家兴旺发达的标志。""两弹一星"事业的发展，不仅使中国的国防实力发生了质的飞跃，而且广泛带动了中国科技事业的发展，极大地增强了我国的综合国力，振奋了民族精神，并为我国的大国地位打下最坚硬的基石。

【知识卡片】

"两弹一星"精神

"两弹一星"精神是20世纪下半叶中华人民共和国的科技专家在自主研制原子弹、氢弹、导弹和人造卫星的辉煌伟业中自觉培育践行的一种伟大精神，是爱国主义、集体主义、社会主义精神和科学精神的集中体现。江泽民同志将"两弹一星"精神概括为"热爱祖国、无私奉献，自力更生、艰苦奋斗，大力协同、勇于登攀"。"两弹一星"精神凝聚着科技工作者报效祖国的满腔热血和赤胆忠心，反映出他们坚定的理想信念和崇高的精神境界，是新时期推动中国社会主义建设事业不断发展的强大精神力量。"两弹一星"精神是第一批纳入中国共产党人精神谱系的伟大精神。

（二）载人航天：逐梦星辰大海

2025 年 1 月 28 日，农历大年除夕，在距离地球约 400 千米的太空轨道上，中国人的"太空家园"——中国空间站被装扮一新，正在太空出差的神舟十九号航天员乘组通过视频向全国人民发来了拜年祝福，祝全国人民新岁安泰、巳巳如意，祝伟大祖国时和岁丰、繁荣昌盛。

神舟十九号，简称"神十九"，是我国空间站应用与发展阶段第 4 次载人飞行任务，中国载人航天工程第 33 次飞行任务，也是长征系列运载火箭的第 543 次飞行。1992 年 9 月，中央决策实施载人航天工程，并确定了我国载人航天"三步走"的发展战略：第一步，发射载人飞船，建成初步配套的试验性载人飞船工程，开展空间应用实验；第二步，突破航天员出舱活动技术、空间飞行器交会对接技术，发射空间实验室，解决有一定规模的、短期有人照料的空间应用问题；第三步，建造空间站，解决有较大规模的、长期有人照料的空间应用问题。

发展战略确定后，中国航天人一步一个脚印往前走，一个一个攻破技术难关。2003 年 10 月 15 日，杨利伟作为执行中国首次载人航天飞行任务的航天员，乘神舟五号飞船在太空飞行 21 个小时，实现了中华民族的千年飞天梦想，标志着中国成为世界上第三个独立掌握载人航天技术的国家。此后，我国先后发射神舟六号、七号、八号、九号、十号等飞船，逐步突破了多人多天飞行、出舱活动、交会对接等技术。

2011年9月，天宫一号空间实验室发射升空。2016年9月，天宫二号空间实验室发射升空。2016年10月，神舟十一号载人舱发射升空，与天宫二号对接。2022年，中国空间站"T"字基本构型在轨组装完成，标志着中国载人航天工程完成了"三步走"战略的最后一步。自1992年中国载人航天工程立项实施以来，几代航天人接续奋斗，终于走出了一条具有中国特色的发展之路，使中国跻身世界航天大国之列。

伟大的事业孕育伟大的精神。在推进载人航天事业发展的过程中，广大科技工作者勇于探索未知、敢于突破创新，凝聚出特别能吃苦、特别能战斗、特别能攻关、特别能奉献的时代精神，为我国科技自立自强注入强大动力，不仅促进航天技术及相关领域科学技术的不断发展和跨越，也激励着我们沿着中国特色社会主义道路，朝着实现"两个一百年"奋斗目标的方向不断前进。

二、领航：新能源汽车与5G时代

2020年10月14日，习近平总书记在深圳经济特区建立40周年庆祝大会上强调：要坚定不移实施创新驱动发展战略，培育新动能，提升新势能，建设具有全球影响力的科技和产业创新高地；要围绕产业链部署创新链、围绕创新链布局产业链，前瞻布局战略性新兴产业，培育发展未来产业，发展数字经济。

（一）新能源汽车驶入"快车道"

现代汽车产业素有"工业皇冠上的明珠"之称，是一个国家制造实力的重要象征。习近平总书记强调，发展新能源汽车是我国从汽车大国迈向汽车强国的必由之路。党的十八大以来，我国率先确立了发展新能源汽车产业国家战略，各地方结合自身实际出台配套政策，行业企业加快创新步伐，推动新能源汽车发展取得历史性成就。2024 年，我国新能源汽车全年产销量均超 1200 万辆，产量连续 10 年居全球首位，销量约占全球新能源汽车总销量的 70%，成为全球首个新能源汽车年产量超千万辆的国家。

在新能源汽车发展的进程中，中国不少车企加速转型，创下了品牌历史销量新纪录。其中，2024 年，比亚迪累计销售新能源汽车427.21 万辆，占我国新能源汽车总销量的 33.2%，成为名副其实的中国汽车市场车企销量冠军、全球新能源车市场销量冠军。比亚迪何以能够脱颖而出，成为新能源汽车的领军企业？除开比亚迪本身积累的技

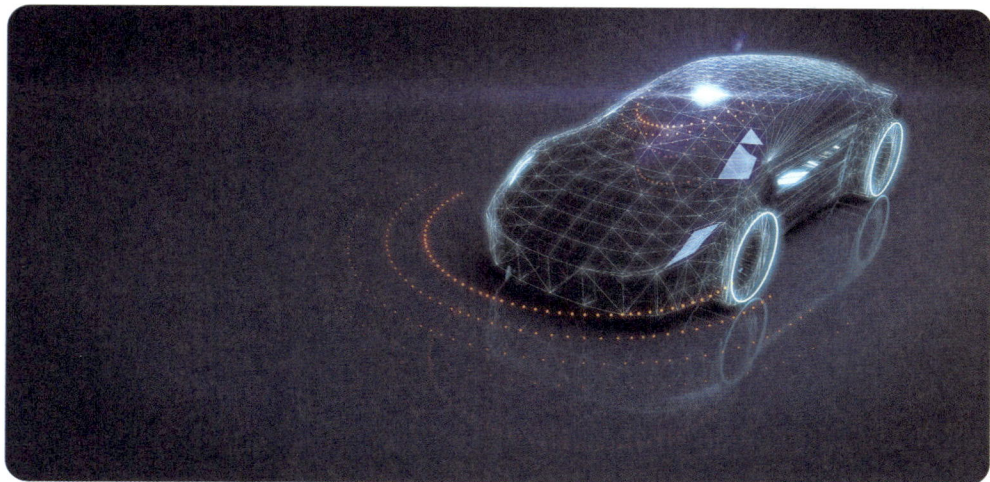

术优势，最重要的原因还是深圳市发挥"深圳制造"的强大优势和内生动力，推动新能源汽车产业实现跨越式发展。

深圳是全球电子信息产业重镇，拥有完备的电子信息产业链。2009年2月，深圳市抓住被列为新能源汽车示范推广试点城市的机遇，制定出台了一系列政策措施，从政策引导、法治护航、创新驱动、场景赋能、安全筑基等五大方面打出一套行之有效的"组合拳"，为新能源汽车产业发展技术创新、配套服务、零部件制造等方面提供了有力支撑，并逐步构建起全球竞争力较强的新能源汽车产业链，囊括整车制造、动力电池、驱动电机、电控系统、车用操作系统、自动驾驶、激光雷达、毫米波雷达、基础设施等领域相对完整的产业环节。同时，也培育了比亚迪、华为等一批头部企业，成为全球新一轮汽车产业革命的探路者，在汽车产业革命的上半场"电动化"中占据了领跑位置。

（二）5G：引领全球通信革命

如果说高铁是中国速度的象征，那么5G技术就是中国科技的智慧结晶。5G技术的出现，不仅改变了通信行业，更深刻影响了工业、医疗、教育等多个领域。

改革开放以来，中国移动通信产业经历了"1G空白、2G跟随、3G突破、4G并跑、5G引领"的发展历程。2008年，国家相关部委组织实施"新一代宽带无线移动通信网"重大专项，全面支撑了我国移动通信技术研发与产业化，我国攻克了从芯片、终端、系统、网络到业务等一批5G关键技术，打造了完整的5G产业链。

近年来，云南红河哈尼族彝族自治州蒙自经开区打造了一家5G时代的锡冶炼"数智工厂"——云南锡业股份有限公司锡业分公司（简称"云锡锡业分公司"）。走进云锡锡业分公司智慧运营中心，LED数字大屏实时跳动刷新着生产数据，调度人员紧盯屏幕，整个厂区的生产排产、工艺参数、设备状态、物料流动、能源消耗等运行情

况尽在掌握。在公司智能仓储中心，5G+AGV 自主运输系统为无人叉车精准导航，5G+ 智能立库系统、智能巡检与配送、天车远程操控，实现了产品锡锭的柔性搬运、自主运输和统一管理。自 2022 年 1 月启动炼锡智造示范工厂项目以来，云锡锡业分公司基于 5G 基站搭建了"1+1+1+N"数智工厂架构，集成 500 多个生产单元的 2 万多个实时操作点位数据，将传统锡冶炼车间打造成高效、智能、绿色的"数智工厂"，整个生产系统管控和运行情况以立体的形态"搬"到大屏上，实现了"一屏观生产，一网管全厂"。这是我国 5G 商用的一个缩影。

2024 年，全国建设 5G 工厂 4000 余家，重点工业企业数字化研发设计工具普及率达到 84.1%。5G 移动电话用户数突破 10 亿户，智能产品应用蓬勃发展，数字消费规模超 6 万亿元。

【知识卡片】

新质生产力

新质生产力是创新起主导作用，摆脱传统经济增长方式、生产力发展路径，具有高科技、高效能、高质量特征，符合新发展理念的先进生产力质态。它由技术革命性突破、生产要素创新性配置、产业深度转型升级而催生，以劳动者、劳动资料、劳动对象及其优化组合的跃升为基本内涵，以全要素生产率大幅提升为核心标志，特点是创新，关键在质优，本质是先进生产力。

2023年9月，习近平总书记在黑龙江考察调研期间首次提到"新质生产力"。2023年12月11日至12日召开的中央经济工作会议指出"以科技创新引领现代化产业体系建设"，强调"要以科技创新推动产业创新，特别是以颠覆性技术和前沿技术催生新产业、新模式、新动能，发展新质生产力"。

三、创新：AI 构建生活新图景

2025年春节联欢晚会上，伴随着欢快的唢呐节奏，16个上身穿着花棉袄的机器人，时而挥动手臂，时而跨步踢腿，两片红手绢在手中转得虎虎生风，它们与16名新疆艺术学院的舞蹈演员默契配合，给全国观众带来了一场别开生面的秧歌盛宴。这是由张艺谋导演的创意融合舞蹈《秧BOT》，扭秧歌的机器人名叫宇树H1"福兮"，来自杭州宇树科技有限公司。

据宇树科技工程师介绍，此次春晚登台表演的人形机器人采用了AI驱动全身运动控制技术，最大关节扭矩能达到360N·m，再加上360°全景深度感知技术，能精准掌握周围环境的一举一动。机器人拥有19个关节，为了完成转手绢的动作，给每条手臂又额外增加了3个，拥有极高的灵活度和精准度，可以像人类一样完成手臂旋转、抛掷回收等动作。为了让机器人能够精准与人类舞蹈演员完成秧歌舞蹈，工程师们首先利用AI软件捕捉人类舞蹈演员的舞蹈动作，然后将这些动作生成机器人的指令代码，通过大量的AI技术学习和分析，机器人能够精准完成各种秧歌动作，甚至能"听懂"音乐，根据音乐实时调整动作。

秧歌机器人的火热出圈是我国人工智能核心产业发展壮大的一个缩影。2024年，我国国产大模型数量呈现井喷式增长，技术路线不断多元化，生成式AI广泛应用，诊疗AI加速普及，工业AI与智能化制造进展显著。过去一年，我们见证了数字科技的加速度，每个人都身处变革巨浪之中。

【知识卡片】

深度求索（DeepSeek）

2025年1月20日，中国人工智能企业深度求索（DeepSeek）发布的开源模型DeepSeek—R1，犹如一颗投入平静湖面的巨石，在国际上激起千层浪，它颠覆了国际社会对AI研发"高投入、长周期"的固有认知，打破了美国对AI话语权的垄断。

DeepSeek以开源思维挑战传统AI行业的一些传统路径，展现了中国人工智能技术的巨大潜力，其使用的算力远低于全球平均水平，还可以免费使用，而且是开源的。低成本与开放性的强强联合有助于普及AI技术，为全球开发者提供了一个低成本、高效能的人工智能开发

平台，促进了全球人工智能技术的共享与发展。

【结语】

新能源汽车新赛道的领跑和 5G 技术的引领，是中国科技创新、大力发展新质生产力的生动写照。当今时代，科技竞争成为大国博弈的战略焦点。在新一轮科技革命浪潮中，人工智能、量子科技、生物技术、新能源、新材料等前沿技术的迅猛发展，正以前所未有的方式重塑生产方式、产品形态和服务模式，这要求我们要深入贯彻落实党中央关于加快发展新质生产力的决策部署，不断开创高质量发展新境界，奋力谱写中国式现代化新篇章。

【课后活动】

观看纪录片《中国科学家》

中国现象级科技成果竞相涌现，这背后是一代代、一位位中国科学家的接力长跑、薪火相传。由中央广播电视总台、中国科学技术协会联合摄制，总台社教节目中心制作的大型科技纪录片《中国科学家》（第一季）已于 2025 年 3 月播出。

量子科技、气象卫星、机器人、农业遗产、生命科学……《中国科学家》（第一季）讲述 5 位顶尖科学家的创新故事、人生历程，以纪实拍摄为主，不仅有科学家们科研时的专注身影、生活中的真实日常，还有对他们周边同事、学生的专访，用珍贵的影像资料全方位展现他们卓越的科学贡献、背后的心路历程，带领观众走进中国科学家独特的精神世界。

请在课后观看这部纪录片，并写下你的观后感。

第四章　文化自信的传承

【篇首语】

2023年6月2日，习近平总书记在文化传承发展座谈会上指出："在新的起点上继续推动文化繁荣、建设文化强国、建设中华民族现代文明，是我们在新时代新的文化使命。"完成这一使命，关键在改革。站在新的历史起点上，深化文化体制机制改革是推动新时代新文化繁荣兴盛的必然要求。

一、根脉：中华优秀传统文化的复兴

从殷墟甲骨到居延汉简，从《尚书》到《史记》，从语言文字到哲学思想，从文学艺术到科技发明，五千年中华文明生生不息，中华优秀传统文化在历史长河中展现出了强大的生命力，它们是中华文明的智慧结晶。新时代新征程，我们要呵护好、弘扬好、发展好中华优秀传统文化，推动中华优秀传统文化创造性转化、创新性发展。

（一）苏绣传承：古老技艺的新生

苏绣起源于苏州，是中国四大名绣之一，作为彰显中华服章之美的高级工艺，其以针代笔、以线代色，在绣片的方寸之间，将五彩的丝线绣成美丽动人的中国符号，勾勒出中华民族独特的文化审美。

关于刺绣，有一则美丽的传说。相传商朝晚期，周太王之子吴太伯与其弟仲雍，为了成全父亲周太王的意愿，放弃王位奔走荆蛮之地（即今天的无锡一带），建立了吴国，当地有"断发文身"的习俗。一次，仲雍的孙女女红在缝衣时被针扎破了手指。滴在衣服上的鲜血晕染成一朵血色的小花，女红受此启发，想到可以将蛟龙等图案绣到衣服上。于是女红按照大家文身的图案，做成了一件五彩缤纷的绣衣送给仲雍，仲雍十分喜欢。后来，在仲雍的号召下，吴人移风易俗，改用绣衣代替文身，刺绣的活计也因此被称作"女红"（"红"读"gōng"）。这个美丽的传说从一个侧面反映了当时经济社会的发展，早在战国时期，长江流域的刺绣技艺已经成熟。那时候，江南水乡气候温和，蚕桑发达，盛产丝绸，为刺绣打下良好的基础。宋代以后，苏州刺绣十分兴盛，工艺也日臻成熟，山水、花鸟、佛像等画作开始成为苏绣的绣稿。明清时期，以苏绣为主的长江流域刺绣逐渐成为中国"四大名绣"之首。

精工细作的苏绣是中华优秀传统文化的组成部分，也是江南文化绵延传承的生动载体。2006 年，苏绣被列入第一批国家级非物质文化

遗产名录。如今，江苏省不断推进苏绣文化遗产的保护和传承，先后建设了绣品街、中国刺绣艺术馆、刺绣艺术展示中心，还搭建了全国首个刺绣数字云平台"云上苏绣小镇"，培育了一大批高层次苏绣专业人才。围绕苏绣传承与保护的前中后端，实现了苏绣研发设计、生产制作、专利培育、产权保护、绣品交易，以及法律诉讼、人才培养等各个关键环节的全覆盖。

苏绣的发展，让我们看到中华文化的传承力，也让我们清晰地看到中国人所展示出来的韧性、耐心和定力，这是中华民族精神的一部分。

（二）村 BA：激活乡土文化活力

2022 年 7 月 30 日至 8 月 2 日，贵州省台江县台盘村举办了一场普通篮球赛，有热心网友将比赛现场以短视频发布到网络上以后，迅速火爆全网，网友们参照"NBA（美国职业篮球联赛）""CBA（中国职业篮球联赛）"的命名规则，称之为"村 BA"。近年来，台江县坚持政府引导与群众自主相结合，在赛事中注入地方特色文化元素，持续推进赛事升级，把"村 BA"打造成全国性群众体育运动品牌，展示出独特的民族文化风情和具有乡村烟火气息的时代新景象。

台江县台盘村举办篮球赛的历史可以追溯到 1936 年。据台江县志记载，1936 年 10 月，台江县举办了第一次体育运动会。从那时起，村民在每年"六月六吃新节"时，都会举办诸如篮球赛和具有民族特色的斗鸡、斗牛、斗画眉等赛事，而篮球作为一项参与度最广、群众最认可的赛事被传承下来，成为融入当地民族文化的特色体育项目。但是过去几十年间，因为器材设施老化、体育氛围不足、赛事组织薄弱等问题，台江县的篮球赛一直没有引起社会的关注，处于不温不火的状态。

党的十八大以来，贵州省打赢脱贫攻坚战，农村发展取得历史性成就，各项基础设施不断完善，公共文化体育设施短板不断补齐，为

群众性体育运动的广泛开展打下了坚实基础。2022年盛夏的"六月六吃新节"篮球赛火爆全网后，由农业农村部农村社会事业促进司、国家体育总局群众体育司指导，中国农民体育协会、中华全国体育总会群体部主办的2023年全国和美乡村篮球大赛总决赛又在这里举行。总决赛上，现场观众人山人海，观众呐喊声山呼海啸，乡村体育的热情感染着现场每一位观众。中场休息时分，舞蹈演员身着传统苗族服饰、头戴苗族银冠、手持芦笙为大家表演了一支芦笙舞，"侗家七仙女"领唱的《侗族大歌》婉转悠扬，让现场观众在体验体育竞技的同时也享受了一场民族文化的盛宴。比赛结束的奖品更是出乎大家的意料：冠军除了获得由台江籍国家级非物质文化遗产传承人吴水根耗时半年制作的手工银冠外，还有关岭黄牛1头、台江鲤吻香米25份；亚军除了银项圈1个外，还有习水黔北麻羊2只、雷山银球茶25份……各类农字号奖品也吸引了足够多的眼球，做足了一波广告。

乡村振兴既要塑形也要铸魂，要形成文明乡风、良好家风、淳朴民风，焕发文明新气象。台江县"村BA"实践走出了一条以乡村文化振兴为切入点和着力点，以群众体育活动激发乡村全面振兴新活力的有效模式。

二、交响：中西文化的交流与融合

　　自古以来，中华民族就以"天下大同""协和万邦"的宽广胸怀与域外民族开展文化交往、交流和交融。进入新时代，中国人民以改革开放的姿态拥抱世界，在与世界各国的文明交流互鉴中让世界更好地了解中国，也让海内外中华儿女的民族认同感、文化认同感大大增强。

（一）国潮崛起：传统与现代的碰撞

　　2025 年春节期间，一个有关中国江苏无锡拈花湾景区的视频在网络上火爆出圈。视频中，巨大的拈花手指从天而降，手指轻触塔尖的瞬间，一枚烟花从塔尖直冲天际，随后绽放成一朵巨大的莲花从空中缓缓降落，1024 架无人机组成百米高的动态财神像，与 2 万发数字编程烟花同步绽放，在天空中变幻出一幅幅绚丽的图案……2025 年春节，无锡拈花湾景区新春璀璨灯展、欢乐篝火晚会、新春大巡游、缤纷歌舞演艺等一系列特色活动轮番上演，各种互动游戏、年味美食、国潮文创等元素让游客们沉浸式感受过大年、逛大集的魅力。

　　春节期间，中国刮起了"非遗"风。北京地坛新春庙会、安徽歙县观鱼灯巡游、河南豫剧……全国各地举办了 400 多场传统年俗和非遗展示活动。同时，各地也纷纷将 AI、机器人等数字技术融入消费体验，唐山河头老街有精彩的"凤凰飞天"表演、浙江嘉兴乌镇春晚"同款"扭秧歌机器人给游客拜年，游客还可以体验机械臂写"福"。从打铁花、飞天表演到蕴含众多传统元素的无人机表演，从头花、发簪等传统配饰和汉服等中式服饰复兴到国漫的崛起，近年来，越来越多的中国传统元素和时尚元素相互融合，中华优秀传统文化越来越成为人们追捧的风尚，以中式审美为特色的国潮产品风靡，在国内掀起了一股"国潮风"。

　　"国潮"文化是对中华优秀传统文化的创新呈现，体现了人们内心深处对中华优秀传统文化的深刻情感认同和价值认同。

【知识卡片】

打铁花

　　打铁花是流传于豫晋地区的民间传统活动，是中国古代匠师们在铸造器皿过程中发现的一种民俗文化表演技艺。打铁花表演时，在一处空旷场地搭出六米高的双层花棚，棚上密布新鲜柳枝，上面绑满烟花鞭炮，棚中间竖立一根六米高的老杆，使花棚总高度达到十米以上。旁边设一熔炉熔化铁汁，表演者轮番用花棒将千余摄氏度高温的铁汁击打到棚上，形成十几米高的铁花，铁花又点燃烟花鞭炮，再配上"龙穿花"的表演，场景蔚为壮观，呈现出惊险刺激、喜庆热闹的特点。2008年6月，河南省确山县申报的打铁花经国务院批准列入第二批国家级非物质文化遗产名录。

（二）文化出海：让世界看见中国

刷新多项中国影史纪录、登顶影史全球单一市场票房榜、在国外多家影院一票难求……2025 年开年，电影《哪吒之魔童闹海》（《哪吒 2》）在海外持续受热捧。多家外媒报道称，该片打破了好莱坞长期垄断的票房纪录，展现了中国动画电影制作的强劲实力。

从大场面的打斗到东方美学风格的建筑，再到角色人物的颠覆性刻画，《哪吒 2》展现了中国动画制作的高超水准，更对传统文化 IP 进行了融合创新，浓郁的"中国风"扑面而来。

太乙真人的法宝、海底龙宫的构造，侗族大歌、唢呐、呼麦等非遗配乐，流传千年的中式审美让海内外观众惊叹中华文化的魅力。父子、母子、师徒、兄弟之间的爱与守护，主人公追求生而平等、勇敢拼搏的情感共鸣，不分国界。《哪吒 2》带动更多外国人加入中国文化的海外传播，一些美国网友甚至自发在社交平台上分享观影前的科普视频。

"中国文化深厚的滋养是包括动画在内的中国影视作品国内受宠、

'出海'也惊艳的底气。"北京大学中文系教授张颐武说。

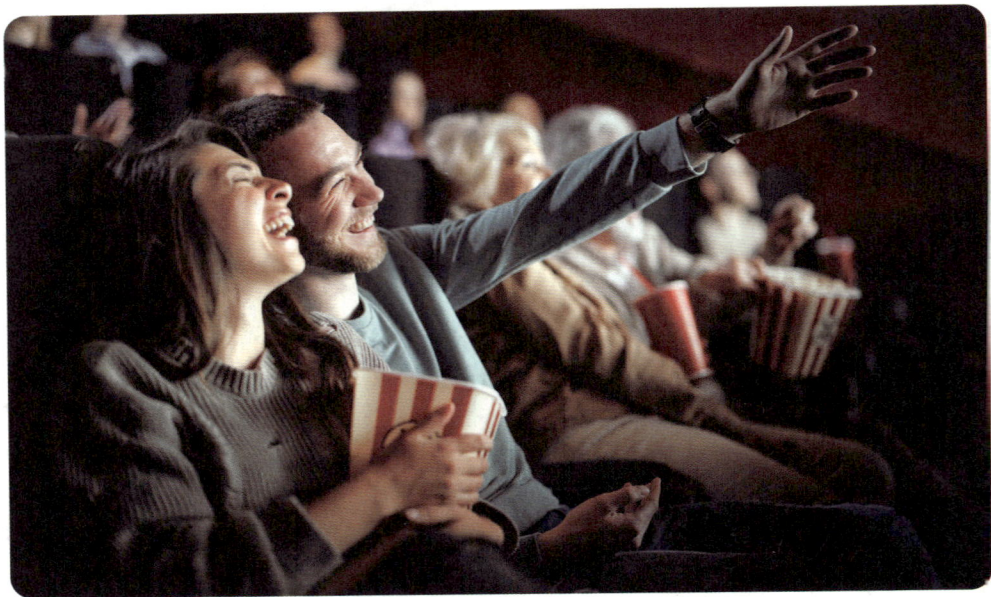

近年来，我国春节、北京中轴线、珠算、二十四节气、太极拳、中国传统制茶技艺及其相关习俗等相继列入联合国教科文组织人类非物质文化遗产代表作名录。在TikTok（抖音集团旗下短视频社交平台）、小红书等平台上，越来越多旅居中国的博主用短视频记录和分享当代中国社会与中国人民的美好生活，讲述他们眼中的中国故事。以网文、网剧、网游为代表的数字化产品也在国外掀起了中国风，越来越多的中国故事、中国音乐、中国文化被世界看见和听见。《流浪地球》《三体》《哪吒》等精品IP登上全球舞台，既向世界展示了中国文化的当代价值，又展现了具有世界共鸣的精神价值，中国文化在与世界的互动中不断焕发新的光彩。

中华优秀传统文化是中华民族的"根"与"魂"，也是滋养国潮文化最深层的土壤。在新时代的实践和创造中，我们要忠实传承和弘扬好中华优秀传统文化，积极引领和践行中国先进文化，在赓续历史文脉中不断铸就中华文化新的辉煌。

三、魂魄：社会主义核心价值观的引领

　　党的十八大以来，党中央高度重视培育和践行社会主义核心价值观，把社会主义核心价值观融入社会发展各方面，转化为人们的情感认同和行为习惯。

（一）爱国情怀：从历史血脉到青春担当

　　"初识您，是因为您写的歌谣《白菜心》。'吃菜要吃白菜心，当兵要当新四军'……好奇之余，我查阅了历史资料，才得知您创作的灵感来自当时新四军和老百姓之间的鱼水深情……涂克先辈，未来的人生路上，我会始终牢记这首传唱了八十余载的'民心谣'，努力学习，做一名合格的社会主义事业接班人。"这是在 2024 年江苏盐城开展"穿越时空的对话"系列主题活动中，一位小学生写给文艺战士涂克的信。

　　1941 年，皖南事变后新四军在江苏盐城重建军部。因此，盐城保存着大量红色历史资源，有着全国唯一的新四军题材全史馆。近年来，江苏盐城依托红色资源积极推进高质量爱国主义教育，引导青少年学生将爱国情怀内化于心、外化于行。在 2024 年开展的"穿越时空的对话"活动中，学生们通过写一封信、画一幅画、唱一首歌、演一部剧等形式，与先烈们进行跨越时空的对话，深刻感悟革命先辈的革命精神，深情表达自己的爱国情怀。

　　近年来，盐城积极开展红色社会实践、红色研学、红色志愿服务，参与相关活动的学生人数近 27 万人次。这些红色社会实践燃亮了青年学生的"信仰之炬""理想之炬""奋进之炬"，为强国建设、民族复兴凝聚起磅礴的青春力量。

【知识卡片】

涂克与他创作的《白菜心》

涂克原名涂世骧，笔名绿笛。1935年考入杭州国立艺专油画系就读。抗战全面爆发后，涂克怀着满腔热血，毅然放弃学业，投笔从戎，成为一名新四军战地服务团战士。1938年底，涂克被调到新四军第三支队，分配到政治部宣传科管理文艺工作，同时自学作曲，成为一名业余作曲家，并在整个战争年代创作了100多首歌曲。

《白菜心》是涂克1940年创作的作品。据铁军艺术团团长方之光介绍，当时涂克在溧阳的新四军江南指挥部直属队工作，新四军正在扩军，号召当地青年踊跃参加新四军。涂克与机关宣传科领导商量，创作一首配合征兵动员的新歌，得到宣传科领导的大力支持。涂克受到红军时期的革命歌曲《当兵就要当红军》的启发，又根据江南地区的民谣《白菜心》的歌词加以重新构思与创作，经反复酝酿修改，写成了头段歌词，之后又以江南民歌风格的曲调及时为三段歌词谱了曲。

这首歌以"吃菜要吃白菜心，当兵要当新四军"的比喻开头，紧紧抓住"军爱民、民拥军"的主线，生动而又形象地表达了新四军和老百姓之间的血肉联系，揭示了"兵民是胜利之本"的主题。歌词朴实通俗，曲调优美流畅，具有浓浓的江南民歌小调风格，朗朗上口，十分好听好学好记。直到今天，还能遇上已是耄耋之年的新四军老战士背唱此歌的感人情景。

（二）敬业奉献：平凡岗位上的青春之光

只要你愿意付出，无论在多平凡的岗位上，都可以散发出迷人的光芒。

在广西壮族自治区来宾市象州县马坪镇回龙村，有一个叫梁建祥的 80 后小伙。出生于普通农民家庭的梁建祥返乡创业，一直致力于发展乳鸽养殖、甘蔗良种繁育产业。2018 年，梁建祥成立象州祥民种养专业合作社，辐射周边 4 个自然村 2000 多人，提供 60 多个就业岗位；他先后投入资金 500 多万元，建立 200 亩左右的劳模带富甘蔗良种繁育基地，每年可为全县提供 10000 余亩甘蔗蔗种，带领家乡群众走上了致富路。

钦州市灵山县平南镇硖木村的 90 后女生刘霞冰则偏爱竹编。2016 年，刘霞冰从大都市回到硖木村，决定坚守和传承竹编这一非遗技艺。她将视野锁定现代生活，开发出迎合当代年轻人精神需求的竹编产品，通过开网店、做直播、改技术、增创意，带动灵山竹编产业焕发新生，越来越多农户重拾竹编手艺，实现就业增收。她用灵巧的双手不仅编织出美丽的竹编作品，也编织出乡村振兴的美好愿景。像梁建祥、刘霞冰这样爱岗敬业，奋战在乡村振兴一线的年轻人还有许多，他们在推进社会主义建设的新征程中主动担当作为，展示出当代青年的时代风采。

2024 年 11 月，共青团中央等十一部委联合印发了《"美丽中国·青春行动"方案（2024-2028 年）》，对组织动员广大青少年投身美丽

中国建设作出系统部署。方案明确提出，将围绕科技创新、环保公益、国际交流等板块，通过实施青少年建功绿色科技创新行动、青年绿色科技人才行动、绿色发展岗位建功行动等14项具体措施，动员广大青少年为推动绿色发展贡献青春智慧和青春力量。

青少年践行社会主义核心价值观的过程，既是淬炼思想之魂、筑牢信仰之基的过程，也是在乡村振兴、绿色发展中争当排头兵和生力军的过程。生逢盛世，唯有在奋斗中担当起青春责任，才能书写出无愧于时代的青春篇章。

【结语】

在悠久的历史长河中，中华文明独树一帜的创新创造、一脉相承的坚守坚持，在世界之林树立起一座文明的丰碑。新时代新征程，中华文明不断丰富发展、历久弥新，以更加自信的姿态走向世界舞台。站在新的历史起点，青少年要更加坚定文化自信，坚守中华文化立场，不断弘扬中华优秀传统文化，为全面建设社会主义现代化国家、全面推进中华民族伟大复兴提供坚强的思想保证和强大的精神力量。

【课后活动】

"剪纸传情，非遗入心"主题剪纸活动

一、活动内容

剪纸传情，非遗入心

二、活动目的

让学生了解剪纸艺术的历史、文化内涵和基本技巧。通过亲身体验剪纸，培养学生的动手能力和艺术创造力，增强学生对中华优秀传

统文化的认同感和传承意识。

三、活动准备

（一）邀请一位专业的剪纸艺术家或非遗传承人担任指导老师。

（二）准备工具：剪刀（建议使用儿童安全剪刀）每人一把，红纸（建议准备不同大小的红纸）每人若干张。

四、活动流程

（一）主持人开场：介绍活动主题和背景，说明剪纸艺术的文化价值。

（二）分组体验：将学生分成若干小组，指导老师现场示范剪纸的基本技巧。学生在指导老师的带领下，尝试剪出简单的图案，如窗花、生肖、花朵等。

（三）小组展示：每组推选一名代表，介绍本组的剪纸作品，分享创作过程和感受。

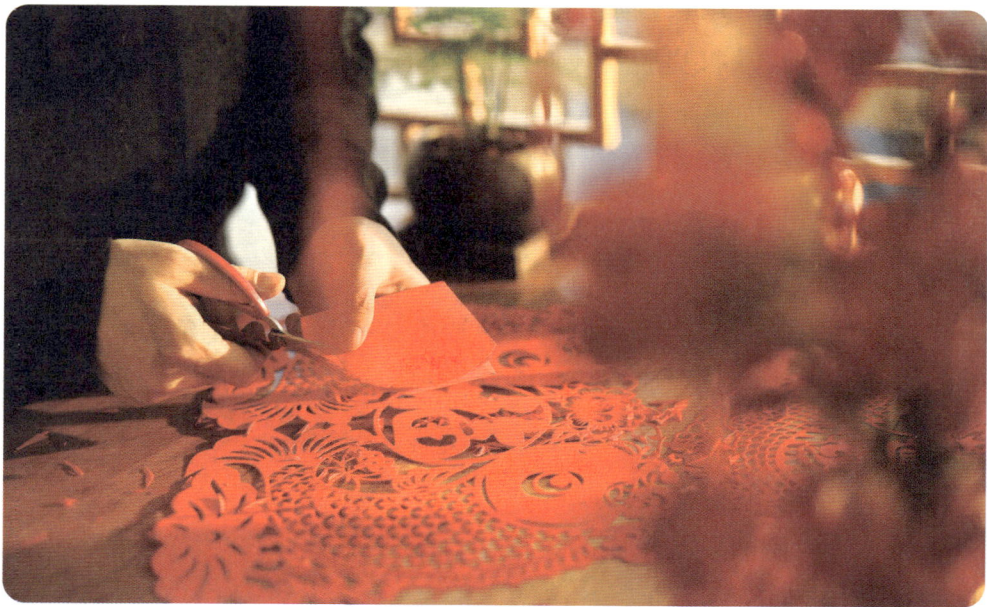

第五章 社会进步的画卷

【篇首语】

从全面建成小康社会到基本实现现代化，再到全面建成社会主义现代化强国，是新时代中国特色社会主义发展的战略安排。我们要坚忍不拔、锲而不舍，奋力谱写全面建设社会主义现代化国家新征程的壮丽篇章。

一、民生：从温饱到全面小康

2021年2月25日，习近平总书记向世界宣告：中国脱贫攻坚战取得了全面胜利！从打赢脱贫攻坚战，到推进乡村全面振兴，中国农村面貌焕然一新，人民生活蒸蒸日上。

（一）脱贫攻坚：神山村的巨变

地处罗霄山脉深处的神山村，交通不便，土地贫瘠，曾是个典型的贫困村。当地流传的歌谣"神山是个穷地方，有女莫嫁神山郎"是当时的真实写照。

神山村村民彭夏英家中的条件一直十分困难。1990年，她的丈夫在做工时受了重伤，命保住了，但再也不能干重体力活了。1993年，家里省吃俭用，把多年

的积蓄拿出来盖了三间瓦房，谁知，房子刚刚建好不到半个月，因为山体滑坡就塌了。而且祸不单行，没过几年，她上山砍竹子时，一不小心摔倒了，从山上滚到山下，爬不起来了。彭夏英一家成了村里需要帮扶的贫困户之一。

2014年，江西省井冈山市开创了扶贫工作"三卡识别机制"。按国家确定的扶贫标准，以"红、蓝、黄"三种颜色确定贫困对象的等次。"红卡"为特困户，"蓝卡"为一般贫困户，"黄卡"则为该年已经实现脱贫的贫困户。彭夏英是"蓝卡户"之一。建档立卡以后，政府扶持她家养了7头黑山羊，并请来专家教她养殖技术。很快，勤劳的彭夏英就将养殖规模扩大到50多头。随后，在政府的帮扶下，彭夏英又养了十几头牛和一群娃娃鱼。除此之外，村里成立黄桃和茶叶合作社，彭夏英积极入股，实现分红。

2016年春节前夕，习近平总书记来到神山村看望乡亲们，还来到彭夏英家里，亲切地询问她的生活情况。习近平总书记深情地说，在扶贫的路上，不能落下一个贫困家庭，丢下一个贫困群众。

随着驻村帮扶、产业扶贫等一批批政策举措精准发力，2017年，井冈山市在全国率先实现脱贫摘帽，神山村也实现了全面脱贫。如今，迈上乡村振兴新征程的神山村，先后荣获了第五届"全国文明村镇"、

第七批"全国民主法治示范村"、"全国乡村旅游重点村"等称号。2024 年，神山村人均可支配收入达到了 3.4 万元。

神山村的嬗变是我国脱贫攻坚事业的一个缩影。脱贫摘帽不是终点，而是新生活、新奋斗的起点。在党的领导下，脱贫地区、脱贫群众内生动力不断增强、发展能力不断提升，广袤的乡村大地正在上演着新的乡村振兴故事。

（二）和美乡村：幸福生活的画卷

初冬，走进江苏省宿迁市耿车镇大众村，整齐的楼房之间镶嵌着绿油油的菜地，杨柳依依，随风摇摆，一派秀美的生态画卷。

谁也想不到，在 20 世纪 80 年代，这里是有名的"垃圾村"。那时，耿车镇大力发展以废旧塑料加工为主的资源回收加工产业，探索出蜚声全国的"耿车模式"，大众村也成为垃圾产业发展的排头兵和"耿车模式"的典型。

　　资源回收是典型的低端粗放产业，在带动经济快速发展的同时，也带来了严重的环境问题。没几年，大众村就面临垃圾围城、土壤重金属含量超标、有毒气体浓度超标、水体严重污染等问题。2012年，环保部（今生态环境部）将耿车镇列入全国八大重点环境整治区域，要求尽快治理。

　　2014年伊始，大众村开始探索转型发展电商产业。区镇两级政府及时出台扶持政策，引导电商产业发展，短短一年内，村里开起了300多家网店，3500余户资源回收户顺利转产转岗。2016年1月，耿车镇出台全面关停废旧塑料加工企业的决定，与此同时，全镇网店突破2000家。

　　大众村党委还带领群众开展环境整治，仅2016年和2017年两年时间内，就整治沟渠5条20千米、汪塘27个9万平方米，清理违法用地159亩，新栽植各类苗木7.6万株，新铺设村组路11千米，完成改厕900余户，并精心打造了史庄河生态公园等亮点工程。

　　如今，大众村成了全省有名的农民创业明星村，人均可支配收入4万元，还成功入选全省首批和美乡村。产业发展与群众增收协同共进，人居环境和自然生态美美与共，大众村践行"两山理论"，蝶变"绿海新村"。

农村与城镇一样，都是现代生活的重要承载地。建设宜居宜业的和美乡村是顺应农民群众对美好生活向往的应有之义。新时代新征程，推进中国式现代化，必须加快推进乡村产业、人才、文化、生态、组织全面振兴，构建和美乡村。

【拓展阅读】

"耿车模式"

"耿车模式"是在经济不发达、生产力比较落后的农业地区发展起来的乡镇企业模式，起源于江苏省宿迁市耿车镇。1986年，"耿车模式"响彻大江南北，与"温州模式""泉州模式""苏南模式"并称"中国区域经济发展的样板"。

二、公平：教育与医疗的跨越

带领人民创造美好生活，不断满足人民日益增长的美好生活需要，是我党矢志不渝的奋斗目标。改革开放以来，在推进中国特色社会主义事业不断发展中，我国改善民生各项事业取得了长足进步，人民的获得感、幸福感、安全感更加充实、更有保障、更可持续。

（一）教育公平：跨越山海的课堂

"我最期待每周三下午的'五色课程'了，通过屏幕，我能得到老师们的教导，（他们）带我寻找五色梦想，我一定不辜负他们的期望。"云南省昆明市寻甸回族彝族自治县甸沙乡九年一贯制学校五年级的李梦同学表达了对华东师范大学孟院数字支教项目的喜爱之情。近年来，华东师范大学孟院数字支教队以"五色"校本课程为基础，每周通过线上授课方式，为寻甸回族彝族自治县等地中小学生开展常态化数字支教在线志愿服务，受到当地同学的欢迎。

李梦同学最喜欢的"五色课程"，是华东师范大学动员学校 10 余个专业院系师生团队力量，整合"国家智慧教育公共服务平台"打造的数字支教创新试验。所谓"五色"，即红色代表红色基因传承，蓝色代表科学精神，橙色代表身心健康，绿色代表生态文明，黄色代表传统文化。支教志愿老师通过平台与几千里之外的云南省寻甸回族彝族自治县小学生相互连接，共同体验传统文化，感知科技前沿，交流内心世界，引导孩子们追寻自己的人生梦想。

通过数字教育的实施，更多优质资源正在突破时空、联通城乡、跨越山海，不断促进教育公平，增进社会正义。

党的十八大以来，我国教育普及水平显著提升，教育事业取得历史性成就、发生历史性变革，已经建成了世界规模最大而且有质量的教育体系。基础教育达到世界高收入国家平均水平，全国 2895 个县域

全部实现义务教育基本均衡，人民群众教育获得感更加充实。新征程上，必须全面贯彻党的教育方针，坚持以人民为中心发展教育，加快推进教育现代化，以教育之力厚植人民幸福之本，以教育之强夯实国家富强之基。

【拓展阅读】

湖南大学的"移动"思政课

自 2012 年起，湖南大学开始探索运用"移动"课堂开展教学实践。岳麓书院、自卑亭、爱晚亭、湖南大学图书馆遗址、第九战区司令部战时指挥部旧址、新民学会旧址、橘子洲头、韶山……湖湘大地上的人文历史景点、红色教育基地都是湖南大学思政课的移动教学点。暑假期间，思政课教师还会带领学生前往十八洞村开展暑期社会实践，将思政课搬到田间地头。

党的十八大以来，湖南大学共组织近 3 万名本科生及部分研究生通过"移动"思政课堂进农村、入社区、下基层，宣讲习近平新时代中国特色社会主义思想，在实践中感悟国情、党情、世情。

（二）医疗保障：守护生命的温暖

2024 年 8 月的一天，山东潍坊寿光市东庄村的村卫生室里上演了一场"生死时速"的救援。

那天，67 岁的村民隋大爷因胸部疼痛，来到村卫生室就诊。村医隋东俊询问情况后，为隋大爷做了心电检查，并将检查结果实时传输到寿光综合医院的心电诊断中心。不到 3 分钟，隋东俊接到医院心内科的电话：诊断结果为心脏急性前壁心肌梗死，随即触发危急值。值班医生通过电话指导隋东俊对隋大爷进行了急救，同时派出 120 急救车前来接诊。到院后，启用"绿色通道"将病人直接转入介入中心手术。隋大爷最终转危为安，整个过程仅用了 36 分钟。

此次成功的快速营救，得益于寿光市县乡村三级医疗体系的构建。近年来，寿光推动远程医疗、急诊急救向村卫生室延伸，60% 的村卫生室接入"心电一张网"系统，让患者能够在黄金救治时间内得到及时、有效的治疗。这是我国多年来在基层推进分级诊疗制度的一个缩影。

民之所想，政之所向。人民期待共同富裕的新生活，期待幸福安康的新生活，期待公平正义的新生活。党和政府以人民对美好生活的期待为目标，着力解决好发展不平衡、不充分的问题，保障和改善民生，更好推动人的全面发展和社会全面进步。

（三）和谐：社会治理的创新

在中国社会快速发展的进程中，社会治理的创新成为推动社会和谐与进步的重要力量。

（一）基层治理：社区里的"幸福密码"

近年来，成都市武侯区积极响应党的号召，搭建多个社区智能服务场景，探索出了一条智慧治理之路。

武侯区玉林街道簧门社区有 2.4 万名居民，其中 60 岁以上的老人有 3000 多人，居民们居家养老、外出就医等需求突出。该社区依托辖区内的优质医疗资源，创建了智能医疗平台，推出了"健康一网通"智慧应用场景，构建起了"小病在社区、大病进医院、康复回社区"的服务体系，有效解决了老年居民就医难问题。

为了保障老年人的出行安全，该区的吉福社区在社区地面安装了防摔倒感应装置，当装置检测到老人摔倒时，会第一时间将信息反馈给物业和社区志愿者，确保老人能及时得到帮助。居民还可以通过"随手拍"小程序，对在社区内见到的问题进行及时反映，社区也会及时处理。

武侯区以智慧应用场景为引领，以居民需求为导向，不断优化社区治理模式，通过一系列社区治理措施，为社区居民提供了更快捷、更精准的服务，促进了科学高效社区治理。

（二）法治护航：公平正义的守护

法治是社会治理的基石，法治乡村建设是全面依法治国的基础工程。贵州省以民主法治示范村创建为载体，通过加强基层民主法治建设，推动群众幸福感、获得感逐年攀升。

以贵州省思南县汤家坝村为例，过去村里有矛盾，村民们都是私下协商解决。如今，村里组建了党员小分队，深入村民中开展普法宣传教育，传播法律知识，村民之间有矛盾，也纷纷找党员小分队解决。这些年来，该村引进和创办实体经济 5 个，涉及生态茶、特色养殖、农村服务业等多种行业，提供就业岗位 100 个，村集体经济累计创收突破 100 万元。随着各种涉及经济往来的业务逐渐增多，村里也会寻求专业法治力量的支持，不定期邀请法律顾问进村，帮助村委会审查各类经济合同，为村民提供法律咨询等多种服务，村里的矛盾越来越少。

贵州省将基层民主法治与红色文化、民族文化、旅游文化相结合，深入推进基层民主法治建设，进一步推动基层治理体系和治理能力现代化，为全面实施乡村振兴战略提供了有力的法治保障。这是我国建设法治乡村，助力乡村振兴的真实缩影。

党的十八大以来，以习近平同志为核心的党中央突出制度建设这条主线，通过改革和法治的相互促进，不断完善各方面制度法规，推动中国特色社会主义制度更加成熟。从基层社区的微治理到全国性的法治建设，从民生保障的全面覆盖到社会矛盾的有效化解，我国国家治理体系和治理能力现代化水平明显提高。

【结语】

人民是历史的创造者。党的十八大以来，以习近平同志为核心的党中央始终坚持以人民为中心的发展思想，在发展中不断保障和改善民生，扎实推进人民物质生活与精神生活的共同富裕。站在新的奋斗起点上，我们要始终把人民放在心中最高位置，团结带领各族人民共同奋斗，在收入、就业、教育、社保、医药卫生、养老等方面接续努力，让发展成果更多更公平惠及全体人民，不断开创以中国式现代化全面推进强国建设、民族复兴伟业的新局面。

【课后活动】

"社会进步"实地调研

以学校为单位，组织学生到当地的农村、社区、工厂等进行实地调研，亲身感受社会的进步与发展，进一步增强学生的社会责任感和使命感。

第六章　绿色发展的新篇

【篇首语】

党的十八大以来，随着经济社会整体水平的提高，我国加快经济社会发展全面绿色转型，积极推行绿色生产方式和生活方式，"绿水青山就是金山银山"的发展理念日益深入人心。

一、见证：传统产业的绿色转型

改革开放初期，由于生产力的限制，我国部分地区采用了粗放型的发展方式，虽然在短时间内壮大了经济规模，但是对生态环境造成了严重的破坏。

资源生态环境的改善，必须从发展方式入手，引导人们形成绿色的发展方式和生活方式。

（一）从"黑色增长"到绿色发展的跨越

鄂尔多斯是中国煤炭第一大市，一个因煤而兴的城市。鄂尔多斯的地下埋藏着丰富的煤炭、天然气资源。进入 21 世纪，鄂尔多斯凭借煤炭产业，社会经济得到了飞速发展。

然而，煤炭开采造成了生态破坏和耕地面积锐减。长时间的开采，还导致了大面积采煤沉陷区的形成。对煤炭产业的过分依赖，也使得当地经济结构趋于单一。各种发展"难题"、民生"痛点"接踵而来。鄂尔多斯经济的转型发展，势在必行。

　　近年来，鄂尔多斯深入践行"绿水青山就是金山银山"的发展理念，走出了一条生态效益、社会效益和经济效益的多赢之路。

　　鄂尔多斯市准格尔旗致力于矿区的生态修复，打造绿色矿山。他们对煤矿采空区、露天煤矿排土场等区域推行"边坡种树、平盘种草、整山整沟、连矿复垦、产业融合"治理模式，建成了一批集种植养殖、生态旅游等功能于一体的绿色矿山，有效促进当地矿区生态修复。同时，准格尔旗还将沉陷区和矿业遗迹打造成集工业遗迹保护、煤炭文化科普、休闲产业观光、生态文明展示于一体的工业旅游区。通过推进矿山复垦和生态旅游深度融合，带动辐射上万人就业。

　　绿色矿山不仅是生态意义上的绿色，更意味着生产方式的绿色化。鄂尔多斯将大数据、人工智能、5G 等现代化信息技术与传统采矿业深度融合，建成智能化煤矿、智能化采掘工作面，并推广应用 5G+ 无人驾驶新模式等一批示范矿井的实践成果。

　　人不负青山，青山定不负人。如今的鄂尔多斯，社会、经济、生态协调的绿色发展新格局已然形成，人与自然和谐共生的幸福图景可

触可及。

（二）低碳发展的新路径

蓝天下，一座现代化工厂静静矗立在草原中，看不见高高的烟囱，也看不见忙碌的工人。一座座风力发电机正缓缓转动，恍如一幅美丽的风景画。这里是位于鄂尔多斯伊金霍洛旗的鄂尔多斯零碳产业园。

2020 年，一场能源革命在全球推进。在我国"双碳"目标引领下，鄂尔多斯市政府考虑转型发展，谋划建设全球首个零碳产业园。仅一年时间，园区便建成投产。

园区采用最新的风能、太阳能和氢能技术，园区内 80% 的能源直接来自风电、光伏和储能，另外 20% 的能源通过电网回购绿电，从而实现 100% 的零碳能源供给。园区内的污水处理厂通过源头控制、分质处理、分质回用和资源循环，确保出水水质达到用水企业要求。剩余浓盐水则通过蒸发结晶处理制成工业盐，实现废水零排放。

零碳产业园带动了当地产业链不断升级和延伸。园区先后引进一批龙头企业，打造了电池及储能产业链、光伏产业链、氢燃料电池及

绿氢设备制造产业链、新能源汽车制造产业链，形成了"风、光、氢、储、车"产业矩阵。如今，鄂尔多斯零碳产业园正在打造"2.0升级版"，即以绿色电力为支撑、科技创新为核心，进行全领域减碳，推动地方标准升级为国家标准，并与国际标准相衔接，实现零碳产业园模式的可复制推广。

从推动传统产业绿色低碳改造升级，到推进新质生产力建设，从高污染、高能耗的传统发展模式，到稳妥推进能源绿色低碳转型，鄂尔多斯取得丰硕成果，成为我国生态文明建设和生态环境保护的生动写照。

二、守护：生态修复的中国答卷

党的十八大以来，以习近平同志为核心的党中央，坚持把深化改革和创新驱动作为推进生态文明建设的基本动力，以健全生态文明制度体系为重点，出台了《关于加快推进生态文明建设的意见》《生态文明体制改革总体方案》等纲领性文件，为全国各地全面推进大气、水、土壤、海洋、水土保持、防沙治沙等领域治理提供了基本遵循。我国生态恶化趋势得到遏制，环境质量显著改善，生态修复成效显著，美丽中国建设稳步推进。

（一）"死亡之海"的绿色围脖

2024 年 11 月 28 日，在塔克拉玛干沙漠边缘的于田县，随着最后一段缺口被补齐，一条围绕塔克拉玛干沙漠边缘的 3046 千米的阻沙防护带正式"锁边合龙"。世界第二大流动沙漠，从此"戴"上了一条 3046 千米的"绿色围脖"。

塔克拉玛干沙漠是中国最大的沙漠。这里环境恶劣，年降水量仅有 50 毫米，蒸发量却高达 2500 毫米，加上一年四季持续的大风天，造就了这里极端严寒和酷暑的气候特征。即便如此，中国人与这片"死亡之海"的抗争也从未停歇过。

1978 年，党中央正式启动"三北"工程建设，计划从 1978 年起到 2050 年，在西北、华北、东北风沙危害和水土流失重点地区建设大型防护林，将"三北"地区的森林覆盖率提到约 15%。依托"三北"工程建设，新疆各族人民围绕塔克拉玛干沙漠边缘，积极建设绿色阻沙防护带，用智慧和坚韧书写绿色的奇迹。

在治沙过程中，新疆因地制宜、分类施策，采用工程固沙、生物治沙、光伏治沙等科学治沙技术，布局 7 个重点治理项目、12 个子项目，涉及 46 个县（市、区）。2022 年，第六次全国荒漠化和沙化调查结果显示，新疆荒漠化土地面积减少 1956 平方千米、沙化土地减少 242.82 平方千米，实现"双缩减"。

自 1978 年以来，新疆各族人民围绕塔克拉玛干沙漠边缘建设绿色阻沙防护带，截至 2023 年底，累计长度已达 2761 千米，最后还有分布在沙漠边缘的缺口 285 千米。

2024 年 11 月 28 日，在于田县，随着玫瑰花苗被栽入沙土，与一望无际的胡杨、梭梭、红柳等连成一片，绿色阻沙防护带的最后一块拼图被完整地拼上。这条"绿色围脖"成为地球上一道独一无二的亮丽风景线。

（二）且末县治沙"家园保卫战"

位于塔克拉玛干沙漠腹地的且末县三面环沙，面临沙漠围城的风险。中华人民共和国成立后，在党的坚强领导下，且末县以县城为轴心构筑起南北长 7 千米、东西宽 6 千米的防沙固沙林网带，但并没有止住沙漠向县城推移的步伐。

1998 年，且末县全面打响防风治沙"家园保卫战"。通过大量种植固沙树苗，稳步推进防护林体系建设和造林绿化工程；利用生物治沙和工程固沙等方法，遏制沙漠扩张；引进了光伏发电项目，在产生清洁能源的同时，还可以降低风速、削弱风流沙的挟沙能力，保障绿地的形成……通过几代人的努力，且末县现已构筑起长约 23 千米、宽约 10 千米的生态绿色长廊，县城核心区面积扩大了 3 倍。

塔克拉玛干沙漠锁边工程的成功，创造了"绿进沙退""人沙和谐"的绿色奇迹。这一实践标志着我国成功走出了一条具有中国特色的防沙治沙道路，不仅为"美丽中国"目标提供了新疆样本，也为推动全球生态文明治理体系的改革贡献了中国智慧。

【拓展阅读】

毛乌素沙地——世界上最大面积的生态逆转在这里铺开

毛乌素沙地是我国四大沙地之一，横亘内蒙古鄂尔多斯市南部、陕西省榆林市北部、宁夏吴忠市盐池县东北部。经过 70 多年与风沙的不懈斗争，如今，毛乌素沙地生态状况全面好转。2018 年，联合国治理荒漠化组织总干事在参观后盛赞："毛乌素沙地的成功治理，是一

件值得全世界向中国致敬的事情！"数据显示：毛乌素沙地已八成染绿。2020年，榆林沙化土地治理率达93.24%，陕西绿色版图向北推进400千米，沙尘天气大幅减少。

三、未来：碳达峰与碳中和

实现碳达峰、碳中和，是贯彻新发展理念、构建新发展格局、推动高质量发展的内在要求，是党中央统筹国内国际两个大局作出的重大战略决策。我国坚定不移走生态优先、绿色发展之路，协同推进降碳、减污、扩绿、增长，推动绿色低碳发展不断取得新进展。

（一）白鹤滩水电站的绿色基因

金沙江，发源于青海省唐古拉山，在中国西南的莽莽群山中蜿蜒曲折、奔腾不息。时至今日，在位于云南省巧家县和四川省宁南县的交界处干流上，一座现代化的智慧水电站跨越在金沙江上，这就是世界第二大水电站白鹤滩水电站。

开发金沙江是我国几代人的夙愿。早在1958年，国家就计划在白鹤滩兴建特大型水电站。2004年，国家正式批准白鹤滩水电站开展前期工作。2010年，白鹤滩水电站前期筹建工作正式启动。党的十八大之后，白鹤滩水电站开工建设，进入工程准备期。2017年7月，主体工程全面开工建设，工程建设进入"快车道"，大坝、地下厂房、泄洪洞等主体工程全面铺开。2021年4月6日，白鹤滩水电站正式开始蓄水。2021年6月28日，白鹤滩水电站迎来首批机组安全准点投产发电。

习近平总书记发来贺信指出："白鹤滩水电站是实施'西电东送'的国家重大工程，是当今世界在建规模最大、技术难度最高的水电工程。……社会主义是干出来的，新时代是奋斗出来的。希望你们统筹

推进白鹤滩水电站后续各项工作，为实现碳达峰、碳中和目标，促进经济社会发展全面绿色转型作出更大贡献！"

2022 年 12 月，白鹤滩水电站 16 台百万千瓦水轮发电机组全部投产发电，标志着我国在长江之上全面建成世界最大清洁能源走廊。截至 2024 年 9 月底，白鹤滩水电站累计发电量超 1500 亿千瓦时，相当于节约标煤约 4500 万吨，减少二氧化碳排放约 1.2 亿吨。自运行以来，白鹤滩水电站在防洪度汛、发电等方面取得了显著的社会效益和经济效益，为推进我国实现碳达峰、碳中和目标作出重要贡献，促进当地经济社会发展全面绿色转型。

（二）戈壁滩上的蓝色海洋

如果你有机会前往敦煌，不妨在 G215 国道旁稍作停留，你会看见，在辽阔的戈壁滩上，有一座 260 米高的吸热塔矗立在众多定日镜的中央，12000 多面定日镜以吸热塔为圆心，按照阵列整齐地排列着。这是我国现阶段规模最大、吸热塔最高、可连续发电的"超级镜子发电站"——敦煌首航节能发电站。

  敦煌首航节能发电站占地 7.8 平方千米，相当于 780 个足球场。整个发电站的所有定日镜的总反射面积达 140 多万平方米。每一片定日镜都配备了高精度传动结构，可以自主调整角度。它们如同向日葵一般追逐日光，并确保阳光能够精确聚焦到 260 米高的吸热塔顶端，将熔盐罐里储存的 3 万吨熔盐加热至 500 摄氏度以上，之后通过高温熔盐发电。如此日复一日，循环往复。该发电站夏季最高日发电 227 万千瓦时，够敦煌全市 20 万人使用 3 天。

  近年来，我国不断推进以水电、风电、太阳能为代表的清洁能源发展，绿色发展理念更加深入人心，能源资源的利用效率提升，能源的绿色转型也取得了积极进展。

【结语】

  推动经济社会发展绿色化、低碳化，是新时代党治国理政新理念新实践的重要标志，是实现高质量发展的关键环节，是解决我国资源环境生态问题的基础之策，是建设人与自然和谐共生现代化的内在要求。当前，我国将绿色转型的要求融入经济社会发展全局，深入推进绿色低碳科技革命，因地制宜发展新质生产力，不断完善生态文明制度体系，绿色发展的政策和标准体系更加完善，经济社会发展全面绿色转型取得显著成效。未来可期，我们将以碳达峰、碳中和工作为引领，加快经济社会发展全面绿色转型，全面推进美丽中国建设，加快推进人与自然和谐共生的现代化。

【课后活动】

旧物重生

在你房间的角落，是否藏着蒙尘的旧物？挑选一件被你遗忘的旧物——或许是褪色的 T 恤，或许是空置的玻璃瓶，或许是积灰的纸盒……开动脑筋，用创意为它注入新的灵魂，使旧物获得重生，用实际行动诠释"资源循环"的意义。

第七章 拥抱世界的胸襟

【篇首语】

　　改革与开放是相辅相成、相互促进、相互统一的。过去 40 多年，中国经济发展是在开放条件下取得的。改革越深入，对开放的水平要求就越高；开放水平越高，对改革的促进作用就越大。未来中国经济的高质量发展也必须在更加开放的条件下实现。

一、和合：全球化的积极倡导者

　　2020 年 11 月 15 日，一次特别的视频会议在网络上进行，来自中国、日本、韩国、澳大利亚、新西兰及东盟 10 国的共 15 个国家的领导人在线讨论区域经济一体化和贸易自由化等问题，会后与会国家正式签

《区域全面经济伙伴关系协定》
RCEP

署了《区域全面经济伙伴关系协定》（RCEP）。经过一年多的艰苦谈判和核准流程，2022 年 1 月 1 日《区域全面经济伙伴关系协定》正式生效，中国成为首批生效的 10 个国家之一，这是中国对外开放新的里程碑，标志着我国对外开放进入新的历史阶段。

《区域全面经济伙伴关系协定》于 2012 年由东盟 10 国发起，成员包括中国、日本、韩国、澳大利亚、新西兰和东盟 10 国。协定将促进区域内国家之间 90% 以上货物贸易逐步实现零关税，中国对东盟零关税产品比例将超 90%，对日本零关税产品比例将达 86%。在 RCEP 带动下，我国的纺织服装等传统产业通过降本增效重获竞争力，汽车零部件、精细化工等中高端产品借势扩大市场份额，5G 通信设备、新能源汽车等产品在国际市场上的认可度越来越高，实现了区域内国家"产业升级与区域合作"的双向奔赴。数据显示，自 2022 年协议生效实施 3 年来，我国对 RCEP 其他成员国累计进出口 38.57 万亿元，占我国总进出口额的 30% 以上。2024 年，我国对 RCEP 其他成员国进出口 13.16 万亿元，同比增长 4.5%。

经济全球化是包容的，是求同存异的。我们国家始终坚持和而不同，倡导真正的多边主义，我们始终坚持合作共赢，构建开放型世界经济，我们始终坚持人文主义，倡导和平、和睦、和谐的"和"文化。改革开放以来，特别是 2001 年加入世贸组织后，我国深度融入国际分工体系，积极倡导普惠包容的全球化，提出全球发展倡议，积极构建人类命运共同

体。2006年，中国与巴西、俄罗斯、印度四国逐渐建立起金砖合作机制，开启了金砖国家合作序幕。金砖合作机制成立近20年来，金砖国家人口已占全球近一半，经济总量占比超三成，对世界经济增长贡献率超过50%。

党的十八大以来，我国在更大范围、更宽领域、更深层次上扩大开放，成为140多个国家和地区的主要贸易伙伴，货物贸易总额连续多年居世界第一，吸引外资和境外投资居世界前列，对外开放事业取得历史性成就。

经济全球化是历史大势。在全球化的历史进程中，中国将继续保持清醒的头脑、强大的定力，坚定不移扩大对外开放，不断拓展中国式现代化的战略空间，不断在惠己达人中推动世界经济更好发展。

【知识卡片】

东南亚国家联盟

东南亚国家联盟（英文：Association of Southeast Asian Nations，缩写：ASEAN，简称：东盟）于1967年8月8日在泰国曼谷成立，秘书处设在印度尼西亚雅加达市。截至2024年12月，东盟共有文莱、柬埔寨、印度尼西亚、老挝、马来西亚、菲律宾、新加坡、泰国、缅甸、越南10个成员国，是亚洲第三大经济体和世界第五大经济体。

【拓展阅读】

中国释放出进一步对外开放的积极信号

2025年2月19日，国务院办公厅发布了《关于转发商务部、国家发展改革委〈2025年稳外资行动方案〉的通知》。《2025年稳外资行动方案》明确了 2025 年稳外资工作将做好有序扩大自主开放、提高投资促进水平、增强开放平台效能、加大服务保障力度 4 方面共 20 项重点任务，释放出进一步对外开放的积极信号。

二、跨越：从古丝绸之路到现代"一带一路"

两千年前，汉使张骞带领一众随从从长安出发前往西域，跨越祁连山的凛冽雪线，踏过河西走廊的苍茫戈壁，一条横贯东西的丝绸之路自此揭开帷幕。从那时起，这条连接东西方的商贸道路开始忙碌，一路上的驼铃声悠悠扬扬，商队络绎不绝。来自中原的丝绸、漆器经过这里走进罗马的市集；西域的骏马、葡萄与香料亦向东而来，铺满长安的街巷。数百年后，佛教从天竺沿丝路传入中原，敦煌莫高窟的飞天在翻跹间融汇希腊天使的羽翼与印度佛陀的慈悲。粟特商队的驼背上，波斯的银币与汉朝的铜钱叮当作响，恰似文明碰撞的清音。丝绸之路，这条跨越千年的贸易路线，不仅是中国联通西方的商业通道，更是不同文化、文明碰撞与交融的历史见证。

　　跨越千年历史长河，中国对外开放的大门始终敞开，丝绸之路所代表的跨国文化与经济交流的精神依然引领着世界的潮流。2013 年，国家主席习近平为古丝绸之路注入新的时代内涵，提出共建"丝绸之路经济带"和"21 世纪海上丝绸之路"的重大倡议，得到国际社会高度关注，人们称之为"一带一路"倡议。

　　作为"一带一路"上的重点国家，老挝热烈响应和全面参与"一带一路"建设。十多年来，中老两国不断增进互信，始终坚持开放，坚持共商共建共享，推动共建"一带一路"高质量发展，其中最具代表性的项目就是中老铁路。老挝是东南亚唯一的内陆国家，国内多山地，交通极为不便。为解决这个问题，2010 年 4 月，中老两国签署了《关于铁路合作的谅解备忘录》，2015 年，两国作出共建中老铁路的重大决策。2016 年 4 月 19 日，中老铁路玉磨段开工建设，经过 5 年攻坚克难，2021 年 12 月 3 日，北起中国云南昆明，南至老挝首都万象，全长 1035 千米的中老铁路正式开通。截至 2025 年 2 月底，中老铁路累计开行旅客列车 6.9 万列，发送旅客超 4860 万人次；开行货物列车 5 万列，运输货物达 5400 万吨。跨境货物运输已覆盖中国 31 个省（市、区）和

老挝、泰国、越南、新加坡等 19 个国家和地区。中老铁路将老挝从"陆锁国"变成"陆联国"，极大地促进了老挝国家经济社会发展。

　　共建"一带一路"倡议是新时代中国向世界发出的对外开放的最强音，也是中国统筹扩大对内对外开放的系统工程。十多年来，其成果惠及 150 多个国家和地区的人民，引领世界走出了一条合作共赢、共同发展的新路。共建"一带一路"倡议已成为当今世界最受欢迎的公共产品和最大规模的国际合作平台，彰显了我国进一步扩大开放的决心和态度。

【拓展阅读】

雅万高速铁路

　　雅万高速铁路（简称"雅万高铁"）是一条连接印度尼西亚雅加达和万隆的高速铁路，由中国和印尼两国合作建设，全长 142.3 千米，最高运行时速 350 千米，将雅加达和万隆之间的旅行时间由原来的 3 个多小时缩短至 46 分钟。雅万高速铁路是印尼和东南亚的第一条高速铁路，是"一带一路"倡议的标志性工程和印尼国家战略项目，也是中国高铁全系统、全要素、全生产链走出国门的"第一单"。

　　自 2023 年 10 月开通运营至 2025 年 2 月 17 日，雅万高铁已累计发送旅客 801.1 万人次，平均上座率达 60.73%，单日最高旅客发送量达 2.44 万人次。

三、突破：更高水平的对外开放

　　改革与开放是相辅相成、相互促进的。唯有改革，才能进一步拓展开放的能力和空间；唯有扩大开放，才能释放更多的改革动能，收到更好的改革成效。党的二十届三中全会提出：坚持以开放促改革，建设更高水平开放型经济新体制。这为实施更大范围、更宽领域、更深层次的对外开放指明了前进方向。

更高水平的对外开放，高在何处？首先是对标高水平国际经贸规则，推进制度型开放。即在学习国际规则和参与国际规则制定的过程中，在规则、规制、管理、标准等方面与国际接轨，更多用市场化和法治化手段推进开放。这是适应国际新趋势，扩大高水平开放的重要方向。截至2024年底，我国已与29个国家和地区签署了22个自贸协定，自贸协定的内容涵盖标准合作、贸易单证数字化等新内容。同时，我国深入实施自贸试验区提升战略，形成了拥有22个自贸试验区的"雁阵"。国务院还将自贸试验区30条制度创新成果以文件形式进行复制推广，为稳步扩大制度型开放贡献"自贸方案"。

高水平的对外开放还体现在有序扩大自主开放和单边开放，引入特斯拉就是我国坚定不移坚持高水平开放的有力例证。2018年6月28日，国家发展和改革委员会、商务部发布《外商投资准入特别管理措施（负面清单）2018年版》，汽车行业取消专用车、新能源汽车外资

股比限制。措施出台后，上海市政府向特斯拉公司抛出了橄榄枝，邀请特斯拉到上海投资建厂。同年 7 月，特斯拉公司与上海市政府签订投资协议，特斯拉第一个海外超级工厂落户上海自贸区临港产业区。从签约到土地摘牌，再到正式开工，只用了半年左右，特斯拉上海工厂创造了"当年开工、当年竣工、当年投产"的奇迹。奇迹背后，是上海临港新片区在审批、验收等领域围绕企业感受和项目实际需求突破框架、改革创新的结果。临港的突破，带动了我国外资准入负面清单不断压减。十余年来，上海自贸试验区及临港新片区一揽子开创性政策相继推出，一大批标志性成果持续涌现，成为我国重要的自贸试验区改革开放试验田。

高水平的对外开放还体现在制造业领域开放有序推进。2024 年 11 月 1 日，《外商投资准入特别管理措施（负面清单）2024 版》正式施行，全国外资准入负面清单限制措施由 31 条压减至 29 条，其中制造业领域外资准入限制措施实现"清零"。此举将有利于增加高质量产品和服务供给，促进国内市场良性竞争；为跨国公司在中国发展提供更广阔空间，促进国际合作、互利共赢。在随后召开的亚太经合组织第三十一次领导人非正式会议上，国家主席习近平发表重要讲话指出：

"中国坚持以开放促改革，主动对接国际高标准经贸规则，积极扩大自主开放，将推动电信、互联网、教育、文化、医疗等领域有序扩大开放。"

【结语】

开放是人类文明进步的重要动力，是世界繁荣发展的必由之路。以开放促改革、促发展，是我国现代化建设不断取得新成就的重要法宝，也是我国应对外部形势变化的主动作为。未来，我国将进一步扩大制度型开放，主动对接国际高标准经贸规则，依托我国超大规模市场优势，在扩大国际合作中提升开放能力，建设更高水平开放型经济新体制，以改革激发发展新活力、以高水平开放拓展发展新空间。

【知识卡片】

打造"投资中国"品牌

"投资中国"是我国商务部谋划打造的一个品牌概念。其主要内容是不断优化营商环境，把市场化、法治化、国际化作为努力方向，进一步加强对外资企业的服务保障，让更多的外资企业选择中国、扎根中国，通过发展新质生产力，拓展合作共赢的空间，同世界共享中国市场和发展的红利。

2024年3月26日，由商务部和北京市人民政府共同主办的"投资中国"首场标志性活动在北京举行。2024年4月，世界知名管理咨询公司科尔尼发布了《2024年全球外商直接投资信心指数报告》，中国的排名由2023年的第7位跃升至第3位。

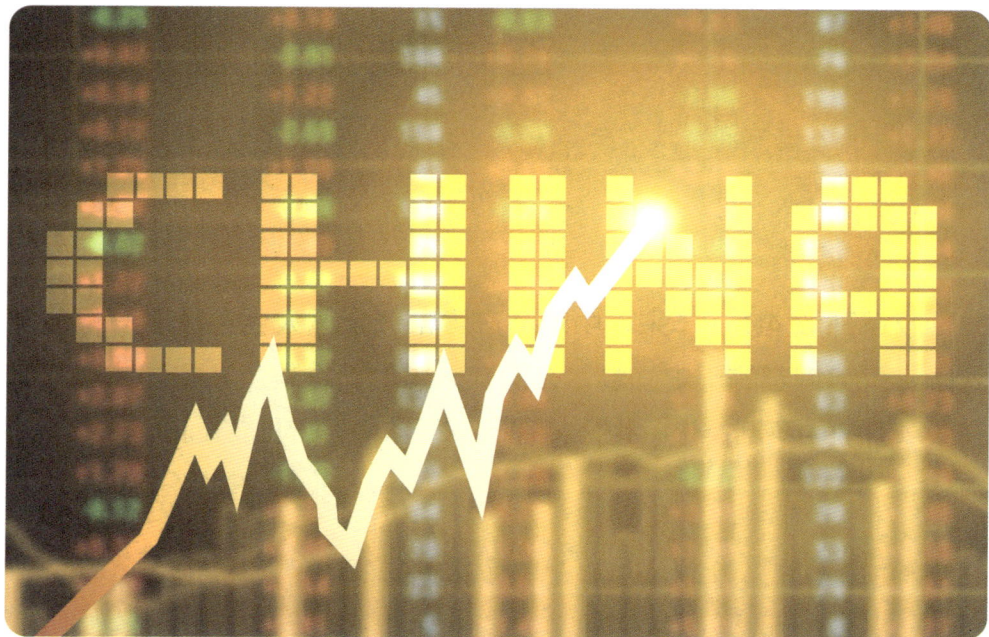

【课后活动】

"我是小大使"主题活动

　　班主任将全班分成几个小组，每个小组推选一名代表，模拟担任中国驻某国的大使。在模拟的国际会议上，"大使"向其他国家的代表介绍中国在对外开放方面取得的成就和未来的计划，重点阐述RCEP、"一带一路"倡议等对全球发展的积极影响。

　　其他小组作为其他国家的代表，对"大使"进行提问和交流，最后由班主任进行点评和总结。

第八章 面向未来的征程

【篇首语】

改革开放 40 多年来，中国共产党带领全国人民绘就了一幅波澜壮阔、气势恢宏的历史画卷。在面向未来的新征程上，中国式现代化在改革开放中不断推进，也必将在改革开放中开辟更广阔的前景。

一、梦想：中华民族伟大复兴

近代以来，中华民族最伟大的梦想是什么？是实现中华民族伟大复兴。自成立的那天起，中国共产党就肩负着这个伟大的历史使命。

（一）小康：迈向中华民族伟大复兴的关键一步

中华人民共和国成立以来，中国共产党团结带领中国人民赢得了抗美援朝战争的胜利，巩固了新生政权，消灭了旧社会的各种痼疾，国民经济全面恢复并实现初步增长。但当时中国的工业几乎一穷二白，设备落后、产能低下，经济增长十分缓慢，人民生活困难。

1978 年，为了借鉴先进国家的发展经验，邓小平同志在一年内先后访问了日本、新加坡、马来西亚等国家。在日本访问期间，看到日产汽车车间里各种机器人被大量应用，工厂的自动化程度极高，邓小平曾深深地感慨："我懂得了什么是现代化。"他意识到，如果再不实行改革，我国的现代化事业和社会主义事业将会被葬送。1978 年 12 月，党的十一届三中全会召开，作出了把党和国家的工作重点转移到经济建设上来、实行改革开放的历史性决策。于是，一场从小岗村燃起的改革之火，在全国范围形成了燎原之势。

　　在推进社会建设和改革的过程中，邓小平对中国现代化建设进行了长期深入的思考，中国现代化建设的目标和步骤也逐渐清晰。1987年10月，根据邓小平提出的建议和意见，党的十三大确定了"三步走"的发展战略。主要内容是：第一步，实现国民生产总值比1980年翻一番，解决人民的温饱问题；第二步，到20世纪末使国民生产总值再增长一倍，人民生活达到小康水平；第三步，到21世纪中叶，人均国民生产总值达到中等发达国家水平，人民生活比较富裕，基本实现现代化。此后，随着国家一系列收入分配政策和措施的出台，城乡居民的收入逐渐提高。1991年，我国人均可支配收入从1978年的343.4元增长到1700.6元，人均生活消费支出从1978年的311.16元增长到1453.81元，城乡居民家庭恩格尔系数从1978年的57.5%下降到1991年的53.8%，这标志着我国城乡居民生活基本上摆脱了贫困，解决了温饱问题。

　　1979年12月6日，邓小平在会见日本首相大平正芳时，第一次提出了"小康"概念，以及在20世纪末我国达到"小康社会"的构想："我们要实现的四个现代化，是中国式的四个现代化。我们的四个现代化的概念，不是像你们那样的现代化的概念，而是'小康之家'。"后来，邓小平还指出："国民生产总值人均达到八百美元，就是到本世纪末在中国建立一个小康社会。这个小康社会，叫作中国式的现代化。"

按照邓小平提出的"三步走"发展战略，我国稳步推进经济社会持续快速健康发展。党的十一届三中全会以来，经济发展驶入快车道。20世纪末，我国胜利实现了现代化建设"三步走"战略的前两步目标，人民生活总体上达到了小康水平。经过40余年的长足发展，2021年7月1日，习近平总书记在庆祝中国共产党成立100周年大会上庄严宣告："经过全党全国各族人民持续奋斗，我们实现了第一个百年奋斗目标，在中华大地上全面建成了小康社会。"

（二）以中国式现代化推进民族复兴伟业

2022年10月16日，习近平总书记在党的二十大上向世界庄严宣告：“从现在起，中国共产党的中心任务就是团结带领全国各族人民全面建成社会主义现代化强国、实现第二个百年奋斗目标，以中国式现代化全面推进中华民族伟大复兴。”党的二十大报告进一步明确了全面建成社会主义现代化强国总的战略安排是分两步走：从二〇二〇年到二〇三五年基本实现社会主义现代化；从二〇三五年到本世纪中叶把我国建成富强民主文明和谐美丽的社会主义现代化强国。

从改革开放之初的"三步走"发展战略到新时代全面建成社会主义现代化强国"两步走"的战略安排，我们党始终锚定实现中华民族伟大复兴目标，一步一个脚印扎扎实实向前推进，在改革开放中不断阔步前行，中国式现代化有目标、有规划、有战略。全国上下呈现出欣欣向荣、蓬勃向上的气象，中国式现代化的壮阔图景正在徐徐展开。

【拓展阅读】

党的十八大以来的"三件大事"

习近平总书记在党的二十大报告中指出："十年来，我们经历了对党和人民事业具有重大现实意义和深远历史意义的三件大事：一是迎来中国共产党成立一百周年；二是中国特色社会主义进入新时代；

三是完成脱贫攻坚、全面建成小康社会的历史任务，实现第一个百年奋斗目标。这是中国共产党和中国人民团结奋斗赢得的历史性胜利，是彪炳中华民族发展史册的历史性胜利，也是对世界具有深远影响的历史性胜利。"

二、使命：进一步全面深化改革

（一）为什么要进一步全面深化改革？

1978 年，在中国面临何去何从的重大历史关头，党的十一届三中全会召开并作出了以经济建设为中心、实施改革开放的历史性决策，实现了党的历史上具有深远意义的伟大转折；2013 年，改革的内部和外部环境都发生了极大变化，我国改革也进入深水区，党的十八届三中全会开启新时代全面深化改革新征程，全面系统推进各方面改革，为中国经济社会发展按下了加速键。历史充分证明改革开放是决定当代中国命运的关键一招，也是决定实现中华民族伟大复兴的关键一招。

通过全面深化改革，我国在法治建设、生态文明建设、国家安全建设、国防和军队建设等领域均取得了重大成果，经济实力、科技实力、综合国力跃上了新台阶，人民生活品质不断提高，人民群众的获得感、幸福感、安全感不断增强。2024 年，我国国内生产总值首次突破 130 万亿元，规模稳居全球第二位，粮食总产量首次迈上 1.4 万亿斤台阶，新能源汽车年产量首次突破 1000 万辆，继续领跑全球。正如习近平总书记所说，新时代全面深化改革取得了重大实践成果、制度成果、理论成果，是我国改革开放历史进程中最壮丽的篇章之一，为全面建成小康社会、续写"两大奇迹"提供了强大动力和制度保障，也为新征程进一步全面深化改革提供了坚实基础和宝贵经验。

　　但是，放眼世界，国际形势纷繁复杂，百年未有之大变局加速演进。一方面，人工智能所代表的新一轮科技革命不断推陈出新；另一方面，全球局部战火频仍，人民群众渴望安定幸福的生活。面对国际上的风险挑战和人民群众对美好生活的新期待，面对日益激烈的国际竞争和产业变革，我们必须继续把改革向前推进。

　　2024 年 7 月 18 日，党的二十届三中全会通过了《中共中央关于进一步全面深化改革 推进中国式现代化的决定》，提出了继续完善和发展中国特色社会主义制度，推进国家治理体系和治理能力现代化的进一步全面深化改革总目标，为开辟中国式现代化广阔前景，推进强国建设、民族复兴伟业提供动力。

【拓展阅读】

深圳发展大力发展低空经济

　　低空经济是一种新型的综合性经济形态，以低空飞行活动为核心，通过有人或无人驾驶飞行、低空智联网等技术组成的新质生产力与空域、市场等要素相互作用，带动低空基础设施、低空飞行器制造、低空运营服务和低空飞行保障等发展。近年来，低空经济作为新质生产力的典型代表之一，顶层设计清晰，政策扶持力度大，产业加速落地。低空经济活力迸发的背后，是改革释放的强劲动能。2023 年年初，深圳首次将低空经济写入政府工作报告；当年 12 月，《深圳市支持低空经济高质量发展的若干措施》正式出台。2024年，深圳新增无人机货运航线94条，无人机货运航线累计超过200条，无人机载货飞行超60万架次，低空经济年产值超900亿元。

（二）如何进一步全面深化改革？

2024年，重庆市大足区的兰云福，因工伤需定期到四川成都市治疗。让他感到意外的是，这次成都就医让他很省心，入院时只需要登记社保卡信息，出院时也可以通过社保卡直接结算。相比以前自己在成都先垫付医疗费用，出院时打印好各种票据再回重庆报销，不知道方便了多少。

2024年4月1日，我国在部分地市启动为期1年的工伤保险跨省异地就医直接结算试点工作，受到群众的广泛欢迎。据统计，截至2024年底，全国跨省异地就医直接结算惠及参保群众2.38亿人次，减少资金垫付1947.25亿元，较2023年分别增长了84.70%、26.71%。尤其是门诊慢特病结算909.65万人次，较2023年增长174.81%。我国在医疗方面的改革，是党和国家在新形势下顺应人民的需求，解决人民的急难愁盼问题，让现代化建设成果惠及全体人民的真实体现，也是我国推进以人民为中心的改革的一个缩影。

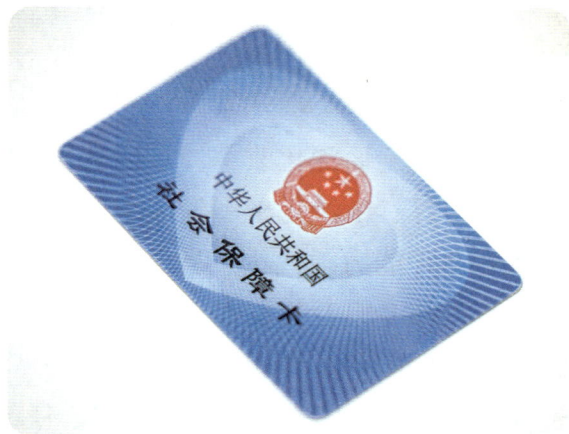

进一步全面深化改革，为谁而改革？党的二十届三中全会通过的《中共中央关于进一步全面深化改革 推进中国式现代化的决定》，提出进一步全面深化改革的"七个聚焦"，即：聚焦构建高水平社会主

义市场经济体制、聚焦发展全过程人民民主、聚焦建设社会主义文化强国、聚焦提高人民生活品质、聚焦建设美丽中国、聚焦建设更高水平平安中国、聚焦提高党的领导水平和长期执政能力。进一步深化改革，将增进民生福祉作为出发点和落脚点，让普通群众更有获得感、幸福感和安全感，这是我们党的初心所在，也是我们党的责任所在。

　　进一步全面深化改革，目标是什么？党的二十届三中全会提出了具体的目标：继续完善和发展中国特色社会主义制度，推进国家治理体系和治理能力现代化。当前，以中国式现代化全面推进强国建设、民族复兴伟业是我们党的中心任务。在这个过程中，我们还会遇到各种思想上的阻碍、体制机制的弊端，要消除这些阻碍和弊端，唯一的选择就是围绕中国式现代化这个中心任务，破除各种痛点、难点和堵点，凝聚推进中国式现代化的勇气和智慧，把全面深化改革作为推进中国式现代化的根本动力。

　　进一步全面深化改革，有哪些独特秘诀？党的二十届三中全会提出了"六个坚持"的重大原则，即坚持党的全面领导、坚持以人民为中心、坚持守正创新、坚持以制度建设为主线、坚持全面依法治国、坚持系统观念。当前，我国改革进入攻坚期和深水区，进一步深化改革符合我国国情，符合人民根本利益，我们要以一往无前的胆魄和勇气，顺应时代发展新趋势、人民群众新期待，大力推进理论创新、实践创新、制度创新、文化创新，以及其他各方面创新，为中国式现代化提供强大动力和制度保障。

三、奋进：青少年的强国之志

时间之河川流不息。从五千多年中华文明的传承中一路走来，一代又一代中国共产党人艰辛探索、艰苦奋斗，成功开辟了中国式现代化道路，创造了彪炳史册的人间奇迹。建党百年以来，中国共产党始终高度重视青年、关怀青年、信任青年，始终代表广大青年、赢得广大青年、依靠广大青年，团结带领一代又一代青年为实现中华民族伟大复兴的中国梦接续奋斗。

新时代以来，以习近平同志为核心的党中央团结带领全党全国各族人民奋斗前进，不断实现理论和实践上的创新突破，成功推进和拓展了中国式现代化，谱写了中国式现代化的新篇章。党的二十届三中全会胜利召开，吹响进一步全面深化改革的号角。如今，改革开放已经走过千山万水，但仍需跋山涉水，历史的光荣使命落在了我们这一代人身上。

这是最好的时代，时代赋予了我们使命和光荣。这是最好的时代，我们将踏着改革开放的时代大潮阔步前行。让我们在党的领导下，勇做走在时代前列的奋进者、开拓者、奉献者。让我们担负起历史赋予的重任，在推进强国建设、民族复兴伟业中展现青春作为、彰显青春风采、贡献青春力量，让我们不忘初心、牢记使命，将改革进行到底，奋力书写为中国式现代化而奋斗的青春篇章。

【课后思考】

　　作为新时代的青少年，在进一步全面深化改革中，你可以承担哪些使命？